親の介護の「やってはいけない」

「家族介護の壁」を乗り越える方法

川内 潤

青春新書
INTELLIGENCE

はじめに

日本人の平均寿命は男女ともに80歳を超え、「人生100年時代」と言われるようになりました。一方で、2025年には団塊の世代が後期高齢者（75歳以上）となることから、今後は要介護者が増加していき、介護現場で人材不足や施設不足が起こるのではないかと懸念されています。いわゆる「2025年問題」です。

そうした背景もあり、介護による離職を防ぐ目的で、育児・介護休業法が改正され、2025年4月から施行されることになりました。

改正点は3つ。1つめは、従業員が家族の介護に直面したとき、事業主は必ず「うちではこういう制度が利用できますけれど、どうしますか？」と伝えて、意向を確認しなければいけないということ。2つめは、事業主は従業員が聞いてくる前から、介護休暇などの情報を発信しなきゃダメですよ、ということ。そして、3つめは、会社に入ったばかりでも介護休暇・休業が取れますよ、ということ。これまでは短い期間しか働いていない人は介護休暇・休業が取れなかったのですが、それが撤廃されました。

「へぇ、介護休暇・休業が取りやすくなるんだ。それなら、親に何かあったときは、会社を休んで面倒を見ればいいんだ」

高齢の親を持つ子どもたちが、そう思ってしまったら大変なことになる！　それが、私がこの本を書こうと思った大きな理由の1つです。

たしかに、今回の法改正により介護休暇・休業が取りやすくなります。しかし私は、これが介護離職を防ぐどころか、むしろ後押ししてしまう結果にならないかと危惧《きぐ》しているのです。

仕事と介護の両立に向けての支援策が強化される流れ自体は、決して悪いことではありません。この流れを受けて、企業のなかには、介護のための帰省費用を申請できたり、テレワークの上限を撤廃しているところも出てきています。

ただ、問題なのは、介護に関わる家族の側のマインドです。「介護休暇・休業＝子どもが仕事を休んで親の面倒を直接見ること」だと思ってしまうと、それこそ逆効果。頻繁《ひんぱん》に休暇・休業を申請して親の面倒を見たり、安易に同居してのテレワークなどを選択したりしたら、介護離職どころか、高齢者虐待につながる可能性さえ高まってしまいます。そのことをぜひ、皆さんにお伝えしたかったのです。

介護する家族の悩みに答える仕事

私は、大学卒業後、外資のコンサルタント会社に勤めていたのですが、〝人の支援〟に関わりたいと、介護の世界に飛び込みました。そして、自宅で寝たきりの方の訪問入浴サービス、老人ホーム、認知症の方専門のデイサービスで働いたあと、現在は、8社ほどの民間企業と契約をして、主に介護する家族の側の相談に乗っています。とある懇親会で、働きながら認知症の叔母の面倒を見ている方の相談に乗ったのがはじまりです。それをきっかけに、企業から依頼を受けるようになりました。

デイサービスや訪問入浴に携わっていたときは、介護する家族の側の悩みがそこまで深いとは気づきませんでした。

そもそも、介護保険で受けられるサービスというのは、あくまで高齢者の自立を支援するものであって、介護をする家族のためのものではありません。ケアマネジャーにしてもホームヘルパーにしても、高齢者の支援をしてはじめて報酬がもらえるわけですから、家族のケアはどうしても片手間になりがちなのです。

相談を受けはじめた頃、誰もが知る最先端の企業に勤めていながら、親の介護のために、今にも仕事を辞めようとしている方に出会って、慌てて止めたことがあります。その方の能力を失うのは会社にとって損失だし、何より、直接介護をしても絶対うまくいかないのがわかっていましたから。テレワークができそうなので、実家に帰って親の面倒を見ようとしている方には、「いつ転ぶかわからないお父さん、お母さんがいるところで、パソコンを広げて仕事に集中できますか?」と問いました。

そしてこういう方々に、「近くにいてたくさん面倒を見ることが、いい介護ではありませんよ」と伝えてサポートすることが、結果として家族による高齢者虐待を未然に防ぐことにつながるのではないかと思ったのです。

現在は、親の介護に悩んでいる人に対して、「つい声が大きくなってしまうことはありますか? もし、そういう気持ちがあるとしたら、なんでそうなってしまったのか、ご自身で思い当たるフシはありませんか? そうならないために、今日は職場からすぐに家に帰るのではなく、どこかに寄って、息抜きしてみませんか?」。そんな介護保険法のなかではなかなかフォローできない、家族の相談に乗っています。

問題なのは、日本人の家族意識

介護のプロとしての視点からお伝えすると、介護休暇・休業は、入居希望の施設の下見やケアマネジャーとの面談など、介護の体制作りのために取るべきで、直接、親を介護するために利用すべきではありません。

介護における子どもの役割は、直接介護をする「プレイヤー」ではなく、さまざまな人に協力してもらいながら介護を進める「マネジャー」なのです。

ところが実情は、ほとんどの人が「親の介護は子の務め」という日本人特有の家族意識にとらわれて、直接介護をするために利用してしまいます。その結果、親子の関係がぎくしゃくしてしまったり、きょうだい間でもめたりと、家族の関係を悪化させてしまうのです。

そうならないためには、これまでの家族意識をアップデートすることが欠かせません。そこでこの本では、多くの人がやってしまいがちな親の介護の事例を挙げながら、何がいけないのか、どうすればいいのかを解説していきます。

介護休暇・休業が取りやすくなることで、それをどう活用して、どういう介護をしていけばいいのかを、今こそ考える必要があります。そして、いい介護とはどういうものか、どうしたら介護の醍醐味《だいごみ》に辿り着けるのか――今回の法改正が、介護のことを考えるいい機会となり、この本がその一助となることを願っています。

親の介護の「やってはいけない」……目次

第1章

問題は「介護」じゃなくて「家族」なんです

家族が介護の「壁」になるとき

第2章 その介護、ホントに「親のため」ですか？

そもそも「いい介護」って何だろう

第3章

介護サービスは「家族の代わり」じゃありません

誰も教えてくれなかった介護保険の使い方

第4章 親の介護の「やってはいけない」

「家族介護の壁」を乗り越えるヒント

第5章 親の介護が、子どもに教えてくれること
人生の通過点としての介護

編集協力……齋藤優子
本文デザイン…青木佐和子

第1章

問題は「介護」じゃなくて「家族」なんです

家族が介護の「壁」になるとき

──介護で表面化する家族の問題

私は今、複数の企業と契約をして、1日5〜6件、年間で700件ほど、親の介護が必要な家族の相談に乗っています。介護保険制度の解説や使い方、老人ホームの種類なども説明しているのですが、お話をうかがっていると、そのほとんどが、**介護に関わる実務そのものの相談というより、家族に関する悩み**なんです。介護に直面することで起こってしまったきょうだい（兄弟姉妹）とのいざこざであったり、親子の諍《いさか》いだったり、あるいは親戚からのプレッシャーや横やりといった具合です。私がやっていることは、ほとんどが複雑に絡まった家族問題を解きほぐすことだと言っても過言ではありません。

家族関係の歪《ゆが》みというのは、多かれ少なかれ、どの家族にもあると思うのです。それぞれが距離を取っていたから、たまたま隠れていただけの話。その歪みが、いざ皆が集まって何かをしなくちゃいけないとなったときに、一気に表面化するんですね。その最たるものが「介護」です。

ですから、**これは家族同士のコミュニケーションの問題であって、介護とは関係がない**

ものなのだ、「介護」という形を伴った家族のなかでのライフイベントが起きたときに、これまで潜んでいた歪みが表面化しているだけなのだと整理できると、だいぶラクになると思うのです。

たとえば、こんなケースがありました。親の面倒を見ることを前提に、実家で両親と同居をはじめた弟夫婦が、いざ介護に直面して、母親との関係が悪化。姉に連絡をしてきては文句を言ってくるのだそうです。

これも、よくよく考えれば、問題はお母さんと弟さんの関係性であって、介護ではありませんよね。以前からあまり折り合いがよくなかった2人の関係が、介護というライフイベントをきっかけに露《あら》わになってしまったに過ぎません。

弟さんのせいでお母さんにいいケアができないのであれば、それはお母さんと弟さんの問題ですから、お姉さんが気に病む必要はないわけです。冷たいだのなんだのと言われても、お姉さんは介護だからと振り回されず、お母さんや弟さんとの以前の距離感を取り戻せばいいだけの話です。結果的にお母さんにとっていいケアができれば、それでいいのです。

――「親の介護は子の務め」という介護の壁

では、なぜ、介護問題が家族問題にすり替わってしまうのでしょうか。

その大きな要因となっているのが、「はじめに」でも触れたように、「親の介護は子の務め」という日本人特有の家族意識だと、私は思っています。

そもそも親の介護を、なぜ子どもが担わなくてはいけないのでしょうか。

たしかに、民法には子どもには親の扶養義務があると書かれています。ただ、それは直接親の介護をしろと言っているわけではありません。ケアマネジャーやヘルパーと連絡を取り合って遠くから見守っていたとしても、十分、義務を果たしていることになります。何より、あくまでも「支える側ができる範囲で」と、ちゃんと書いてあります。

この40年間で家族の形は変わってきました。核家族化が進み、両親や義父母の介護を担っていたであろう専業主婦は減って、女性は外に働きに出るようになりました。今の時代、『サザエさん』に出てくるような家は絶滅危惧種《ぜつめつきぐしゅ》ですよね。家族皆が1つ屋根の下で、懸命に支え合って暮らしている。そんな名作ホームドラマに出てくるような家なんて、ほとんどありません。多くの人は、進学や就職などで実家を離れて、自由な距離感で暮らしているわけです。

ところが、この距離感が心地良かったはずなのに、いざ介護となると、急に名作ホームドラマのような距離感を目指そうとしてしまいます。そしてそれがうまくいかないと、自分が悪い、相手が悪いみたいな話になって、結果、家族の関係が壊れていくのです。

時代はものすごいスピードで変わっているというのに、日本人のメンタリティーは40年前のまま。**「介護は家族がやるもの」という旧態依然とした家族意識にとらわれていて、アップデートできていない**のです。もとより親の世代はアップデートしませんし、アップデートさせようとしても難しいですから、私たち子どもが、その家族意識を変えなくてはいけないと思うのですが、ほとんどできていません。それが、介護における問題を生んでいるのだと思います。

――悩みの本質は、介護ではなく「家族」だった！

先日、年老いたご両親を持つ娘さんから、こんな悩みを聞きました。

田舎で夫婦2人で暮らしていたお父さんが、脳梗塞《のうこうそく》で倒れて入院。病気は回復したものの、後遺症で介護が必要になってしまった、と。娘さんが「小柄なお母さんが、1人で体の大きなお父さんの面倒を見るのは大変でしょ。家では無理だから、介護サービスを利用しましょう」と勧めるも、お母さんは「お父さんを施設に入れるのはかわいそう」の一点張り。結局、「お父さんの世話は、私が全部やるから」と、娘さんの助言も聞かず、在宅で見ることに。

ところが、実際にやってみると想像以上につらいものだから、娘さんに「週1回でもいいから泊まりにきて、手伝ってもらえない？」と言ってくるようになったそうです。でも、娘さんだって仕事があるから、そうそうは帰って手伝えない。そう返事をすると、「じゃあ、私が全部やるからいいわ」と意固地《いこじ》になってしまう。いくら「地域の介護サービスを利用したら？　ラクになると思うよ」と言っても、「外の人には頼みたくない。お父さんが嫌がることを、私はしたくないの」とまったく聞く耳を持たないそうです。

こういう相談は、本当によくあります。認知症を患ったお母さんの面倒をお父さんが1人で見ている、という逆のケースも多い。そしてこうなってしまうと、外部のサービスを入れるのはもう至難の業《わざ》なのです。

でも、**これって、そもそも介護の問題でしょうか。**

問題の本質は、お母さんが長年、お父さんに依存して暮らしてきてしまったことにあります。お父さんがいよいよ脳梗塞で入院したのは、その問題が露わになるきっかけに過ぎません。お父さんがいよいよ倒れたのなら、それは「お母さんも、もうお父さんなしでの生活の準備をしなければいけないよ」というサインなのです。でも、お母さんはお父さんから離れるのが不安で不安で仕方ないから、体がつらくても面倒を見ようとする。

お母さんがお父さんにべったりなのは今にはじまったことではないのに、それをお父さんが脳梗塞で倒れたせいにするから、問題がわかりづらくなる。口では「私が面倒を見ないと、お父さんがかわいそう」と言っていますが、違うんです。**お母さんが、お父さんがいなくて寂しいだけ**なのです。

――親ではなく、親戚が悩みの種になることも

親だけではなく親戚が関わっている、こんなケースもありました。

田舎で、高齢の母親の面倒を見ていてくれた叔母（母親の妹）夫婦が、海外に転勤する

ことになり、娘さんに電話がかかってきたそうです。「就職先を世話するから、帰ってきて母親の面倒を見なさい」と。自分がこれまで面倒を見てきた血がつながった姉のことですから、娘さんへの圧は相当強かったのでしょう。

でも、よくよく聞いてみると、お母さんは介護認定を受けていませんでした。つまり叔母さんは、お母さんに介護の必要があったわけではなく、「私たちはもう面倒を見られないけれど、心配で1人にさせたくない」という理由だけで、仕事を辞めて帰ってこいと、娘さんに言ってきたわけです。**これも紐解《ひもと》けば介護の問題ではなく、あくまでお母さんと叔母さんの関係性の問題**です。

その方にはお子さんもいましたから、帰るとなったら子どもも転校しなければなりませんでした。私は、「帰らずに今の仕事を続けてください。子育てを優先してください」とアドバイスしました。仮にお母さんが要支援1や2の認定を受けていたとして、それで1人で生活できないかと言えば、そんなことはまったくありません。

同居して親の面倒を見ていたとしても、自分のきょうだいや親戚から横やりが入ることがあります。たとえば、母親なり父親なりが転んで骨折をした場合。それで介護認定を受けていなかったりすると、外野から「なんで認定を受けさせなかったんだ」と、理不尽に責められることもあります。認定を受けていようがいまいが、転ぶときは転ぶものです。たとえ、認定を受けていたからといって、すべてのリスクを回避できるわけではないにもかかわらず、そんなことを言ってくるわけです。

同居して親の面倒を見ている息子さん、娘さんは、想像をはるかに超える負担を抱えています。それなのに、離れて暮らしている家族から、「一緒に住んでいながら、なんで転ばないようにちゃんと見ていないんだ」なんて言われたら、カチンときますよね。

「あの人も親のことを思って言っているのだから仕方ない。言わせておこう」。そう思って、適当にかわせる余裕があればいいのですが、売り言葉に買い言葉で返してしまうと、**ただでさえ介護で大変なのに、家族関係がこじれて余計なエネルギーを使う羽目になってしまいます。**結果、いちばん大事な親の介護に支障が出てしまうのです。

――ひとりっ子は、むしろラッキー!?

「ひとりっ子は、１人で親の面倒を見なければいけないから大変だ」

そう思っている人は多いのではないでしょうか。

たしかに、自ら身体的な介護をするとなれば頭数は必要ですし、関わる人数が多いほうが、1人の負担は軽減できます。でも、それはあくまで、直接介護に関わる場合の話です。身体的な介護を外部のサービスに任せるのであれば、話は変わってきます。

ケアに関わる人数は、少なければ少ないほうがいい。なぜならこれまで書いてきたように、介護を難しくしているのは、ほとんどの場合、家族間のコミュニケーションの問題だからです。

「親の介護が必要になった。さぁ、どうする?」となったとき、ケアをする人が多いと、それらと連携するほうにエネルギーと時間を割かれてしまいます。利用する施設1つ決めるにしても、どこにするのか、誰が見学に行くのか、費用の負担はどうするのかなど、それぞれの都合があって、すんなりと決まりません。それがもとで、まだ介護にも入っていないのにトラブルになることさえあります。逆に関わる人数が少なければ、それだけ意思決定はスムーズになります。ですから、ひとりっ子はむしろラッキーなのです。

私の前著『親不孝介護』(日経BP)の共著者であり、編集者の山中浩之《やまなかひろゆき》さんは、新潟で1人暮らしをしている母親を持つひとりっ子でした。ですから当初は「自分が面倒を見るしかないから、本当にツイてない」と嘆いていていました。

そんな山中さんに、私は「ツイてないどころか、めっちゃラッキーじゃないですか」と言ったものです。なぜなら、そばで面倒を見るとすれば、1人息子である山中さんしかいません。しかも離れて暮らしていましたから、そばで面倒を見るとなると、母親を東京に呼び寄せるか、自分が新潟に帰るかの二者択一です。どちらも無理だとなったとき、「プロに任せる」という決心がつきやすいのです。

しかもきょうだいがいませんから、「長男なのに、なんで同居して面倒を見ないんだ」などと、外野から文句を言われることもありません。介護で生じる家族の問題があるとすれば、それは親との関係だけ。だから、ひとりっ子の介護はラッキーなのです。

――介護のプロでも、家族の介護は「やってはいけない」

私たち介護の専門職が介護に関わるとき、大切しなければならない基本的な姿勢の1つに、**「クールヘッド、ウォームハート」**というものがあります。温かい心で高齢者の気持ちに寄り添うことは大事だけれど、頭のなかは常に冷静でなければならない、という意味です。

たとえば「お腹が痛い」と訴えている高齢の方がいらっしゃった場合、私たちは「痛いですか？　それはどんな痛みですか？」と気遣いながら、その方の表情を冷静に観察します。そして、それが病気による痛みなのか、そうではなくて感情からくるものなのか、それとも別に言いたいことがあるのかを探っていきます。

でも、私が自分の母親に介護が必要な状態になったとき、「クールヘッド、ウォームハート」でいられるかというと無理です。冷静になって、「母親のお腹の痛みは、そのうちのどれかかな？」なんて観察する余裕はないでしょう。介護のプロでも家族の介護をやってはいけないと言われる理由は、そこにあります。

なぜ、私は自分の母親に対して「クールヘッド、ウォームハート」でいられないのでしょうか。それは、元気だった頃の母を私が知っているからです。そして、目の前のすっかり弱ってしまった母を見て、つらさが先に立ってしまうからなのです。

私たち介護職は、ご高齢の方にもっとも自分らしくいてもらうために、1人の男性として、女性として、どんな方だったのかを知ることが大切です。でも、自分の母親を前にすると、どうしても母親として見てしまい、1人の女性として見ることができなくなってしまうのです。

自分が見てきた母親は、本来のその人ではなかったかもしれませんよね。子どもから見た母親と、1人の女性としての母親は違うものだと、知識、経験、技術を持ってわかっているはずなのに、自分の親にはそれができないのです。施設の利用者さんには、本当に穏やかに接することができても、家族となると取っちらかってしまう。

さらに始末が悪いことに、介護技術だけは持っています。ここは手助けをしないほうが本人のためになる。そう頭ではわかっていても、目の前で親が動きづらそうにしているのを見れば、どうしてもかわいそうだと思ってしまうし、危ないことはさせたくないから、我慢できずに、つい手を貸してしまう。結局、本人のできることを奪ってしまい、かえってマイナスになることもあります。

そのうえ、介護の技術を持っていると、周囲から介護をやってくれるだろうと期待されてしまうことが、往々にしてあります。親戚縁者に介護職や医療職の人が1人いると、「あの人は本職だから大丈夫」と安心して任せようとするんです。笑い話のようですが、医師でも看護師でもない医療事務のスタッフでさえ頼ってきます。親戚縁者に身内の介護を丸投げされて介護職が介護離職をするというシャレにならない話は、いくらでもあります。

――親に「介護してほしい」と言われたら

子どもがいくら距離を取ろうと思っても、子どもに直接介護してほしがる親もいます。親の考え方には2つのパターンがあり、自分が両親や義父母の介護で大変な思いをしてきたからこそ、「自分の子どもには、同じ思いはさせたくない」「下《しも》の世話をさせたくないから、介護が必要になったら施設に入る」という親と、「これだけやってきたのだから、今度は私が面倒を見てもらうのが当然だ」と期待してしまう親がいます。

それは、きっとその方の不安の度合いによって、変わってくるのだろうと思います。ただ、自分が元気でピンピンしているときには、「子どもに下の世話はさせたくない」と言っていた親でも、いざ介護が必要な状況に追い込まれると不安になって、「やっぱり、子どもに面倒を見てほしい」と心変わりしてしまうこともあります。むしろ、そういうケースが多いかもしれません。

そして、そういう親に対して、子どもが「いや、施設に入ってもらうよ」という気持ちでいるときに、問題が起こりがちです。

たしかに、昔は家族、特に長男のお嫁さんが中心となって、介護の大半を担っていました。女性の多くは専業主婦でしたし、親戚づき合いも濃かったと思いますから、介護に関わることができる頭数も多かったでしょう。加えて、医療も今ほど発達していませんから、介護に関わる期間も、そう長くはなかったと思います。

ところが世の中は変わり、寿命が延び、核家族化が進み、世は少子高齢化の時代です。介護する期間は格段に長くなっているにもかかわらず、直接関われる家族の人数は逆に減っています。そんな時代になったのですから、**本来は、親も「子どもに面倒を見てもらうのは当然」という意識を変えなければいけないはずなのに、そこはアップデートされていないのが実情**です。

そういう親に対して、「母さん、今は時代が違うんだから」などと正論で説得しようとしても、トラブルのもとになるだけです。むしろ、その考え方は「今さら変わらないよな」と諦めたほうがいいでしょう。そのうえで、「子どもの受験で、今は難しいから」「大きな仕事を抱えていて、忙しい時期だから」などとコミュニケーションスキルを駆使して、やんわりと断るのが得策だと思います。

厄介なのは、**介護する子ども側の意識もアップデートされていない**場合です。日本人はつくづく親の意見を尊重する国民だなぁと思うのですが、母親に「あなたが一緒に住んでくれたら、私もやっていけるような気がするの」と言われると、それを聞いた瞬間、「お母さんがそう言うなら、一緒にいてあげよう」という気持ちになってしまうのです。

でも、冷静に考えると、そんなことはありませんよね。母親は多分いろいろなことが不安になって、それをぶつけるところがなくて、いちばん言いやすい息子なり娘にぶつけているだけなんです。

でも、一緒にいたところで、できないことはどんどん増えていきますから、不安は少しも解消されません。そのときに、「お母さんはそうやって気持ちを発散しているんだろうから、言わせてあげよう」と思えるかどうか。親の考え方を変えることはできませんから、子どもがすぐに同調せず、冷静でいることが大事なのだろうと思います。

――介護以前の家族関係が影響する

介護の関係性でもっとも衝突が多いのは、どういうケースだと思いますか。

それは、**息子が実母を介護するケース**です。これははっきりと統計で数字が出ています。

そして、その次が**夫が妻を介護するケース**で、これは夫が妻に対して自分の母親を投影している可能性があるからです。いずれにしても、男性が直接介護に関わると衝突が多くなるのは明らかで、虐待に至ってしまうケースも少なくありません。

なぜなら息子にとって、母親はいつまで経っても〝自慢の母親〟だからです。実際は、年をとってできないことが増えて、洗い物をするのも億劫《おっくう》な体になっているのに、息子の頭のなかにあるのは、かつてのきれい好きでテキパキと洗い物をする母親像のまま。ですから、部屋が散らかっていたり食器がきれいに洗えていなかったりするだけで、イライラしてつい文句を言ってしまう。

いいじゃないですか、お茶碗に少しぐらい汚れが残っていても。だって、今のお母さんのなかでは、食器をきれいに洗うこととの優先順位は全然高くないのですから。たとえそれで料理の味が混ざってしまったとしても仕方ない。私たちはそう思えるのですが、息子には以前のお母さんのイメージがあるから、それが受け入れられない。許せなくて、「まだ汚れが残っているじゃないか。洗い直さないとダメだよ」と叱ってしまうのです。

実はこれ、一見、母親のためを思って注意しているように見えますが、違います。**自分のなかにある母親像を守っている、つまり自分を守っている**だけなのです。男性にとって母親というのは、いつまでも自分の安心、安全を守ってくれる象徴で、特別な存在なのだそうです。ですから、自分が期待している姿とはかけ離れた母親を直視すればするほど、息子のほうに負担がかかります。

長年築いてきてしまった関係性は変わりませんから、息子が見て見ぬふりをするのがいちばんなのですが、一緒にいればどうしても目について文句を言ってしまう。だから、距離を取る必要があるのです。**〝見ない〟〝知らない〟がいちばん**なのです。

いざ介護となったときには、それまで築いてきた親子関係やきょうだい関係が大きく影響します。母親と息子のように、それまでの関係性が濃密なゆえに、一緒にいればケンカが絶えなくなり、時には手が出てしまうこともあるのです。

――急に距離を縮めるのはトラブルのもと

逆に、それまで親密ではなかったのに、介護をきっかけに無理に仲良くしようとして、ギスギスしてしまうこともあります。

雑誌などで、よく「いつ介護に直面してもいいように、普段から家族や親戚とやりとりしておきましょう」などと書いてあるのを見かけますが、本当にそうでしょうか。いつ訪れるかわからない、訪れるかどうかもわからない介護のために、無理をしてまで親族と仲良くするのは気苦労が多いのではありませんか。来るべき介護のことを考えるだけでも憂鬱《ゆううつ》なのに、家族関係や人間関係のことで余計な負担を増やす必要はないと、私は思います。

もし今、親戚と疎遠になっているのだとしたら、それは介護が必要になった親自身がそうした関係を築いてきてしまった結果です。決して子どものせいではありません。そもそも親戚関係というのは本人が作っていくものであって、子どもがそれを背負う必要はないのです。

今まで疎遠だったのに、無理に距離を縮めようとすると、介護とは関係のない家族間のトラブルで疲弊してしまうことになりかねません。だったら、お互いに心地良い距離感で暮らしていたのだから、そのままでいいのではないでしょうか。その距離感を維持しましょう。

そして、親の介護が必要になったときは、あとあとお金の問題などで揉《も》めないために、最低限の礼儀として、メールなりＬＩＮＥなりで、情報だけを伝えておけばいいと思います。ただし、返答は期待しないこと。「こっちがこれだけ情報を渡しているのに、なんで何も言ってこないんだ」とは思わないようにします。

「家族システム」という言葉があって、家族のメンバーはそれぞれお互いに影響を与え合っていて、そのシステムのなかでグルグルと動いているのだそうです。それは世代間でも連鎖しますから、母親に厳しく育てられた息子というのは、認知症になった母親をやっぱり厳しく指導するようになるんです。お互いのなかに「厳しくする」という流れが組み込まれてしまっているので、いくら頑張っても変えられない。仕方がないことなのです。

ですから、家族とはそういうものだと理解して、介護の場面では冷静になることが大切です。介護では、**家族の問題を切り離して考える**ことが必要なのです。

――介護と育児の決定的な違い

「はじめに」で、私がこの本を書くきっかけのひとつになった、育児・介護休業法の改正について触れました。育児・介護休業法という法律自体が、育児と介護をひとくくりにした制度になってしまっているので、どうしても一緒くたに考えてしまいがちです。

たしかに、**育児も介護も、どちらもサポートが必要な家族をケアするという意味では同じですが、あらゆる面で違います。**ほとんど真逆ですから、それを同じようにとらえてしまうと、親の介護はうまくいきません。

育児というのは、わが子がどれくらいで食事ができるようになるのか、歩けるようになるのか、また親の手を離れるのか、ある程度、先のことを予測して対処することができます。でも、介護は逆です。親の老いは予兆が見えづらく、介護が必要になるときは、ある日突然やってきます。さらに、いつまで続くのか終わりが見えづらいから、対策も後手後手に回りがちです。

また、子どもが生まれると期間内に出生届を出さなければなりませんし、3歳児健診なども義務化されていますから、こちらから働きかけなくても公的な支援が受けられます。一方、親の介護はというと届け出義務はありませんから、向こうからは何も言ってきてくれません。こちらが届け出ない限り、公的な支援は受けられないのです。

そして最大の違いは、**ケアをする対象が、人格形成の真っただ中にある〝子ども〟ではなく、これまで自立して生活してきた〝大人〟である**ということです。

子育てにおいては、親がケアすることで子どもの自己肯定感を育んだり、子どもとの信頼関係を築くことができますから、直接関わることはとても重要です。でも、親の介護においては、子どもが直接関わっていい結果を生むことは、まずありません。むしろ、それまで程よい距離感でつき合っていたからこそ築けていたいい親子関係が、介護で距離を縮めたがために崩壊してしまうことも、決して珍しくないのです。

なぜなら、**介護は本人の生き方を尊重することが大切だから**です。

親は、保育園に行くのを嫌がる子どもとは違います。身体的にいろいろなことができなくなっている状態にあっても、70年、80年と生き抜いてきたプライドがある大人です。ああしたい、こうしたいという意思があります。

それなのに、子どもの側は、親が老いていくことを受け入れられず、本人の意思を無視してリハビリをさせたり、無理にでもデイサービスに行かせようとしてしまいます。

育児と介護を混同して親と接すれば接するほど、介護はうまくいかなくなるのです。

第２章

その介護、ホントに「親のため」ですか？

そもそも「いい介護」って何だろう

――いつまでも元気でいてほしいのは子の願望

「お父さん、リハビリ頑張ろうね！　前みたいに歩けるようになろうね」

子どもは、高齢の父親、あるいは母親が骨折して入院したりすると、ついこんなふうにハッパをかけてしまいます。でも、**それは本当に親のためになっているでしょうか。**

介護する子どもの側は、いつまで経っても、今まで通りの元気な父親、母親でいてほしいと思うものです。ですから、整形外科の先生から、「リハビリすれば、なんとか歩けるようになるかもしれませんよ」と言われれば、頑張ってリハビリさせようとします。でも、お父さん、お母さんはどう思っているのでしょう。同じ気持ちなのでしょうか。

もし、本人が「前の状態に戻りたいから頑張る」と言うのなら、それでいいと思います。でも、子どもの前では言えないだけで、心のなかでは「もう、そんなつらい思いをしてまでリハビリなんてやりたくない」「それで歩けなくなったとしても仕方ない」と思っているかもしれませんよね。「頑張ってリハビリしようね」という言葉が、実は本人につらい思いをさせているかもしれないのです。

70代、80代の親に、「いつまでも健脚でいてね」「リハビリ頑張って」と言うのは、40代、50代の人間に「高校生のときと同じ生活をしろ」と言っているのと同じようなものです。私自身、器械体操をやっていた高校生のとき、手首の骨を折って手術をしたことがあります。若くて気力も体力も充実していた時期でしたけれど、それでも手術後のリハビリは恐ろしくつらいものでした。

高校生でもつらいのに、年齢を重ねて、体が動かなくなっていくのが当然という高齢者の方たちにそれを強いるのは、とても酷《こく》な話です。できる範囲でリハビリしているだけでも頭が下がるのに、家族はどうしても元のようになってほしいと思うから、「もっと頑張れ」と言ってしまいます。

かく言う私だって、自分の父親が複雑骨折をしたら、「リハビリしろ」とハッパをかけてしまうと思います。元気な頃の父のイメージが頭のなかに残っていて、もっと歩けるようになってほしいと思うから。つまり、**家族だからこそ親への期待が大きくなって、本人の思いをないがしろにしてしまうリスクがある**のです。

親が歩けなくなることへの不安を本人にぶつけてしまうし、子どもが不安をぶつけることで、より親を不安にさせてしまう。これではとても「いい介護」とは言えません。

――たくさん手をかけることを目指すと苦しくなる

そもそも、子どもが毎回のように親のリハビリに付き添うことは、「親のため」なのでしょうか。「親のため」と言いながら、どれだけ自分が励ましたか、どれだけ犠牲を払ったか、ということに目標を据え替えていませんか？　「いい介護」＝「どれだけたくさん手をかけたか」になっていないでしょうか。

この場合、**不安が大きいのは、親本人ではなく、むしろ老いていく親の姿を見たくない子どもたちのほう**だと思うのです。たとえ転んで骨折して、以前のように歩けなくなったとしても、当の本人がそれを受け入れているのであれば、「この体とうまくつき合っていくしかないな」と穏やかでいられるのではないでしょうか。それに対して、「お母さんがそう思っているのなら、それでいいよね」と、リハビリを強要せず見守ることこそ大事なのに、付き添っている子どもにはなかなかそれができません。

たしかに、息子が親が乗った車椅子を押して散歩をしていれば、近所の人はそれを親孝行と言うでしょう。仕事を休んででも親のそばにいて何でもやってあげることは、従来なら「いい介護」と言われたかもしれません。でも、私はこれを「いい介護」と呼んではまずいと思うんです。

私は、介護の現場でこんな光景をよく目にしてきました。

息子さんが、お母さんを一生懸命に介護していて、お母さんには目やに1ついていない。足をこすっても垢《あか》1つ出てこないほどきれいにしてあげていて、栄養状態も確保されています。はたから見れば、まさに理想的な介護です。

でも、よくよく話を聞いてみると、息子さんは朝がくるのが怖いんです。お母さんが目を覚ますのがつらい。なぜなら、今日もまた地獄の1日が始まるからです。そして、こんな毎日がいつまで続くんだろうと思っているから、お母さんが長生きすることを喜べなくなっているのです。

私たち日本人は、深層心理のどこかで、そばで懸命に介護をすることを是《ぜ》としてしまっているのですが、その結果、親子の関係がどうなるかをイメージしたことがあるでしょうか。この息子さんとお母さんのように、直接介護に関わったことによって、もはや家庭環境は壊れ、穏やかな関係ではなくなってしまったとしたら、それはもはや「いい介護」とは呼べませんよね。

――キーワードは「穏やかで持続性のある介護」

では、どういう介護が「いい介護」なのでしょうか。

私は、**「高齢者にとって、穏やかで持続性のある介護」**だと考えます。そして、**「親がどんな介護状態になったとしても、家族がそれを受け入れて、良好な関係であり続けること」**が重要だと思っています。

そのためには、家族は親をどうサポートしていくのがいいのか。それを家族と一緒に考えるのが、今の私の仕事です。「いい介護」と「悪い介護」の境目はどこにあるのだろうと思いながら、「高齢者のことを考えたうえで、そこに向かう家族の支援」を念頭に置いて、毎日、相談者である家族と向き合っています。

従来の価値観にとらわれて、親を直接介護したことで、「亡くなったときに連絡をくれれば、もうそれで結構です」というところまでこじれてしまった家族を、それはたくさん見てきました。

話を聞くと、たしかに、そこまでやったらもう二度と顔も見たくないでしょうし、顔を合わせるのもつらいというのは理解できます。老いていく親の姿を受け止める余裕は、もはやないのだと思います。気持ちはわかりますから、そう思ってしまうことを否定することはできません。

ただ、そういう息子さん、娘さんには「そうなってしまったものは、やむを得ないと思います。でも、自分が手塩にかけて育てた子どもからそんなふうに言われてしまうのは、親にとってはものすごく寂しいことなんですよ」と話しています。

そこまで関係が壊れてしまうくらいなら、まわりから親不孝と言われようと、自分勝手と思われようと、可能な限りプロの手を借りて介護を乗り切る。そして、最後まで家族関係をいい状態に保つほうが、よほど親孝行なのではないでしょうか。

日本人の多くは、介護と聞くと、40年前から思考停止したまま。親がやっていた介護のイメージを頭に思い浮かべてしまいます。でも、**本当に親のためを思っていたら、「もう顔も見たくない」という状態になるまで介護しないほうがいい**と思います。

仕事を辞めて、親のそばにべったり張り付いて介護をすれば、そうなるのが目に見えています。しかも、誰も感謝してくれません。もしかしたら、親戚のおじさんやおばさんだけは「本当によくやってくれた」と褒めてくれるかもしれませんが、それだけのこと。自身のキャリアを失うのはもちろんのこと、子どもがいればその「質の低い介護」を子どもの世代にも見せることになるので、将来はそれが自分に返ってきてしまうかもしれません。

「親孝行しなきゃ」と思っている子どもより、「いやあ、自分は親不孝で、お母さんに申し訳なくて」と介護を人に任せている子どものほうが、結果として「いい介護」になっている。私がそう感じるのは、こうした理由からなのです。

――「介護」が「管理」になるとき

「『介護』と言いつつ、それ、親の『管理』になっていませんか」

そう思うことが、介護の現場ではたくさんありました。

ご高齢の方がいらっしゃる家族とやりとりをしていると、本人の意向などそっちのけで、ご家族の方が「ここに手すりをつけてくれ」「あそこの段差をなくしてほしい」などと言ってきます。

ご本人が「まだ、そんなもの必要ない」と言っても、子どもたちが「これだけお父さんが生活しやすいようにいろいろ考えてあげているのに、なんで言うことを聞いてくれないの。つけてもらいましょうよ」となってしまう。結局、本人は手すりなんていらないと思っているにもかかわらず、「子どもがそう言ってくれているのだから」と、渋々つけることを承諾してしまうのです。

でも、よく考えてみてください。「手すりをつけてほしい」と言ってこないのは、本人が困っていないからですよね。それを先回りしてつけてしまうと、どうなると思いますか？

それまで手すりがなくても、なんとか歩くことができていたのに、自然とそれに頼るようになって、身体の機能が低下します。結局、手すりなしでは歩けなくなってしまうんです。これが、本当に親のためになっているのでしょうか。

親が安全に生活できるようにと、子どもが勝手に先回りしていろいろやってしまう。これは「介護」ではなく「管理」です。**親のためと言いつつ、自分が安心したいがためのリスク管理**でしかありません。

たとえば、料理好きだったお母さんの手元が覚束《おぼつか》なくなってきたのを見ると、子どもはたいてい、「ご飯は私が作るから。火事になったら大変だから、ガスコンロを使った料理はやめてね」と、料理するのをやめさせてしまいます。

たしかに、それで火事を起こすリスクは軽減できますから、子どものほうは安心できるかもしれません。しかし、お母さんはどうでしょう？　かえって萎縮《いしゅく》してしまうし、何より、唯一の楽しみだった料理を取り上げられて、それで幸せでしょうか。

散歩が日課だったのに、迷子になると困るから外出させないというのも同じことです。家に閉じ込めてしまえば運動しなくなりますから、夜もなかなか眠れなくなってしまいます。

子どもが、親を外出させない、料理をさせない……**親を「管理」することは、1人の人間としての尊厳を奪っているのではないか**と、私は思うのです。

――子が手を出しすぎることのデメリット

娘が実家に帰ってみると、昔はきれいに片づいていた部屋が散らかっていて、テーブルの上には、湯飲み茶碗や入れ歯洗浄剤が出しっぱなしになっている。そうすると、娘さんは、「お母さん、なんてだらしないことしているの」と、プンプンしながらさっさと片づけてしまいます。

娘さんにしてみれば、「昔は、私に片づけろ、片づけろ、と口を酸っぱくして言ってたくせに、自分はこんな生活をしているなんて許せない」と思うから片づけてしまうんですが、でもこれ、決して出しっぱなしにしているわけではないんです。

膝の痛いお母さんが、1人でも暮らしやすいように創意工夫をして、わざわざテーブルの上に使いやすいように並べているんです。それを娘さんが「私がなんとかしなきゃ」と、先回りして片づけてしまう。そうすると、入れ歯洗浄剤をお母さんの手が届かない棚の奥のほうにしまったりして、後日、お母さんは困ってしまうのです。

「片づけ上手だったお母さんも、年をとって膝が痛くなればこうなるんだね。しょうがないよね」と思えれば、娘さんもお母さんに対するイライラから解放されるし、お母さんも娘さんからキャンキャン言われなくてすむんですが、子どもというのはなかなかそうは思えないんですね。

かつて私が訪問介護をしていたとき、こんなことがありました。高齢者の男性のご自宅に行くと、ヘッドアップの機能がついた介護用のベッドの足元のところに、先端が輪になった紐がついているんですよ。何かと思って利用者さんに聞いたら、「これをグッと引っ張りながら起きるんだよ」と言うわけです。

電動ですから、ボタンを押せばヘッドアップするんですが、いいじゃないですか、その機能を果たさなくても。それに対して、「あぁ、面白いですね」と言ってあげる余裕が、子どもの側にもあるといいのですが、子どもは往々にして「ボタンを押せばいいんだから」「こんなの、危ないから」って、紐を外してしまいます。

でも、それではダメなんです。せっかくお父さんが家のなかを探して、これなら大丈夫そうだと紐を選んできて、起きやすいように結んでいるんです。もう、それだけで素晴らしいと思いませんか。

訪問介護サービスにうかがうと、「こんな汚いところに来てもらうのは申し訳ない」と言うご家族がいらっしゃいます。でも、支援する側としてはありがたいんです。片づいていない状況から支援する際のヒントを得ることがたくさんあるからです。

先ほどのお母さんのように、身のまわりのものをテーブルに並べてしまうのであれば、体が動かしづらいのだろうか、膝関節症かリウマチかもしれないと想像して、「整形外科や内科などに通院されていますか」と声をかけることができます。いきなり「何か困っていることはありますか?」と私たちが聞いても、プライドが高い高齢者の方は、「私は大丈夫だから」と、なかなか教えてくれません。ケアマネジャーやヘルパーが適切な支援をするためにも、ありのままの生活を見せていただくことは、むしろありがたい。ですから、散らかっていてもいいんです。

親は、年をとっていろいろなことができなくなっていくなかで、それを受け入れ、知恵を絞って暮らしています。そして、自分はどう最期を迎えたいのか、親が考えを研ぎ澄ましていこうとしているときに、子どもが先回りして「管理」してしまうと、それができなくなってしまいます。

施設に入るのか、自宅で最期を迎えるのかを決めるときもそうですよね。本来は、親本人が自分の意思で決めるべきことです。実際、北欧などでは、入る施設もすべて本人が決めます。ところが、日本では子どもが親を管理して、最後を過ごす場所まで決めようとするから、ぐちゃぐちゃになってしまうんです。

——親を1人にするのは、悪いこと?

近年、警備会社などが、離れて暮らす家族の見守りサービスを提供しています。部屋にセンサーを設置したりカメラを置いたりして、遠くからでも1人暮らしの親の様子を見守ることができるようになりました。

親自身が「そうね。つけてくれると安心だわ」と同意しているのなら、つけてもいいいと思います。でも、心配だからと子どもが一方的に見守りサービスをつけるのは、いかがなものかと私は思います。

もし、自分が24時間カメラで監視されていたら、どう感じるでしょうか。一度、家にウェブカメラを設置して体験してみてください。それでどういう気持ちになるのか。自分の生活を人に24時間見張られている、管理されている。しかも、自分の子どもに――です。こんなにつらいことはないですし、大きなストレスになるはずです。

そして、親にそんな思いをさせてまで自分が安心できるかというと、そんなことはありません。**むしろ不安が強くなる**と思います。なぜなら、「あっ、転ぶ！」という瞬間が、カメラで見えてしまいますから。しかも、それがわかっても、さっと手を差し伸べて抱き起こせない。見ているしかないんです。こんな怖いことはありません。警備会社の人が駆けつけてくれるかもしれませんが、それまでジリジリと待つその時間も耐え難いものでしょう。

実際に、そういう方もいらっしゃいますよ。部屋にカメラをつけて、センサーを設置して、親の生活記録を毎日チェックしている。朝、何時に起きて、どこに行って、何をしていたのか。歩数まで管理していることもあります。それで、先週と今週で大きな違いがあれば、「どうしたの？　何かあったの？」と連絡して聞くわけです。もともとカメラをつけるくらいですから、心配性なので「何してるかな？」「大丈夫かな？」と、5分に1回ぐらいアクセスしないと気が気じゃない。せっかく離れて暮らしているにもかかわらず、親の介護に1日中縛りつけられているのです。

それはテレワークでも同じことです。コロナ禍でテレワークが可能になった会社も増えました。ですから、転ぶのが心配だからと、仕事をテレワークに切り替えて、1日中そばにいることも、以前より実現しやすくなりました。でも、お父さんはいつ転ぶかわかりません。いえ、転ぶとは限らないのに、常に張り付いている必要があるでしょうか。

親を1人にする時間があったっていい、と私は思います。

空白の時間を作ってはいけないと思うのは、子どもが親の生活の責任を取ろうとするからです。でも、誰も責任など取れませんよね。**四六時中注意していても、転ぶときは転びます。**遠隔で見守るにせよ、実家でリモートワークをするにせよ、親を見張るようなことは、親子どちらにとってもストレスにしかなりません。ですから、私は本人が望まない限り、やらないほうがいいと思っています。そもそも、親にどういう生活をさせるかを子どもが考えている時点で、うまくいかないだろうなと思います。

――子が親のリスクをゼロにすることはできない

近年は、1人暮らしの高齢者を狙った詐欺《さぎ》や、訪問販売などの悪質商法が増加の一途を辿《たど》っています。ですから、見守りサービスのみならず、防犯目的の商品もたくさん販売されています。

子どもにしてみれば、親が詐欺に遭って老後の大事なお金をだまし取られたら大変だと思うから、利用したいと考えるのでしょう。でも、自分たちの生活に置き換えたとき、リスクをすべて回避した生活を望むでしょうか。

先日も、認知症の傾向が出はじめた母親を持つ娘さんから、電話に防犯のために通話録音機をつけたという話を聞きました。お母さんは羽毛布団の打ち直しや保険の見直しを勧誘され、娘さんが知らないうちに契約をしてしまったといいます。

気づいてクーリングオフができたからよかったものの、どうやら母親が自分から電話をしてしまっているらしいと知って、半ば強引につけてしまったそうです。相手方に「この通話は防犯のために録音されます」と警告メッセージが流れるタイプなので、母親からは、「友だちに、『電話するとヘンなメッセージが流れる』と言われるから外してほしい」と懇願されているそうですが……。

ただ、**電話に録音機をつけたからといって、詐欺に遭う可能性がゼロになるわけではありません**よね。それはほかの商品でも同じこと。詐欺に絶対に遭わないようにするためには、それこそ外部との通信をすべて遮断して、親を四六時中家に閉じ込めておく以外に方法はありません。冷静に考えれば、私たちだってリスクは少ないかもしれませんが、詐欺に遭う可能性があるわけです。

親が電話でそういう人を呼んでしまうのも、家に上げてしまうのも、結局は寂しいから。たとえ少々高くついてしまったとしても、「それで親の寂しさが紛れたんだから……」と考えられれば、子どもの気持ちも少しやわらぐのではないでしょうか。

また、よく詐欺に遭ってしまった親を叱る子どもがいますが、悪いのは詐欺をするほうであって、親ではありませんから、責めないようにしてください。

――根底にある「寂しい」という気持ち

ある娘さんは、1人暮らしをしている認知症の母親の実家で、冷蔵庫を開けてびっくりしたそうです。1人ではとても食べ切れない量の4個入りのベビーチーズが、庫内にあふれんばかりに積んである。それなのに、スーパーマーケットに行ってまた同じチーズを買ってきてしまうと頭を抱えていました。こういうケースはよくありますが、私は「いいじゃないですか、行ってもらったら」とお伝えしました。

いつも行くスーパーが同じだったとしたら、それはチーズがほしいのではなく、誰かお友だちと会って話をして寂しさを紛らわせたいからです。

実は、**スーパーに買い物に行くことは、デイサービスなどに行くよりよっぽどいいケアになります。**迎えの車が来るわけでもないのに、自分の足で自ら外に出て、社会的な場所で人と接点を持って、会話をして、自分で荷物を詰めて帰ってくる。ケアの要素が実にたくさん入っています。無理やりデイサービスに連れて行くより、ずっといい経験になります。ですから、チーズが家に何個たまろうが、賞味期限切れになろうが、いいじゃないですか、と思うのです。冷蔵庫に入り切らなくなったら、娘さんが持って帰ってもいいし、こっそり捨ててもいいんですから、どんどん買い物に行ってもらいましょうよ。

親が訪問販売員や保険の勧誘員を家に上げてしまうのも、スーパーに行って同じ物を買ってきてしまうのも、理由は同じ。寂しいからです。そして、どんな人であれ、誰かと話すことによって、その寂しさがやわらぐからです。

しかし、そもそも寂しいという感情をなくすことは難しいものです。それなのに、多くの人が、「年老いた父や母に、寂しい思いはさせたくない」と、子どもがなるべく一緒にいることで、その寂しさを埋めてあげようとします。でも、こういう関わり方をしていくと、お互いによくありません。ならば、別の形で親の寂しさを軽減する方法を考えませんか。

たとえば、介護保険で利用できる通所リハビリテーションやデイサービスなどは、その寂しさをやわらげるサポートをしてくれると思います。あるいは、次章で詳しく述べる地域包括支援センターは、高齢者が人との関わり合いを持てるよう、趣味のサークルや健康体操教室などを開いています。健康体操教室を見ていると、体や手を動かさず、楽しそうにおしゃべりに夢中になっている高齢者の方たちを見かけますが、それでいいと思います。

もちろん、なかには「行ってみたけれど、やっぱり人と関わるのが苦手」と言う人もいますが、それは子どもがどうこうできる問題ではありませんから、無理強いは禁物です。

――手すりがかえって親を弱らせることもある

介護保険を利用すれば、家に手すりをつけることができます。

本来は、親が手すりをつけてほしいと言ってきたら、本当につけるべきなのか、つけるとしたら、どこにつけるべきなのかを、まずケアマネジャーに相談します。その結果、必要だということになったら、福祉用具専門相談員が家に来て、ご本人の生活を見立てたうえで、どこに、どれくらいの高さの手すりをつければいいのかを決めます。

しかし、多くの子どもは本人がつけてほしいとひと言も口にしていないうちから、「将来、歩くのが覚束なくなったときに転ばないように」と、先回りをして手すりをつけようとします。まだ、手すりなどなくても十分歩けているのに、です。

でも、足元が覚束なくなってきたとしても、その解決策が手すりがベストかどうかはわかりませんよね。杖かもしれないし、歩行器、シルバーカーかもしれません。しかも親が転ぶのが不安だからと、子どもがその不安を解消するためにつけた手すりが、親のために使われないどころか、障害になることもあるのです。

前にも触れましたが、まず、**手すりをつけると、せっかく今まで何も使わずに歩くことができていたのに、手すりが必要な歩き方になってしまいます。**それに、どこに手すりが必要になるかは、腰が痛くなるのか、膝に痛みが出るのか、使う本人の状態によって変わってくるはずですよね。必要じゃないときにつけても無駄になることがありますし、実際、一度つけた手すりを外すことはよくあります。

しかも、**つけ方を間違えると、転倒防止どころか、転倒を誘発してしまうことさえあります。**廊下に手すりをつければ、当然、手すりの分だけ通路の幅が狭くなりますから、手すりに体をぶつけて転ぶこともあるでしょう。手すりの両端をちゃんと処理していないと、特に冬場などは、上着の裾などを引っかけて転んでしまうこともあります。

よく、リビングなどに座面が回転する椅子があるのを見かけますが、これなども高齢の方に優しいようでいて、実は転倒を誘発する箇所だったりします。ああいうところにふっと手をついて、転んでしまうのです。私たちがそういう話をすると、家族は「じゃあ、回転椅子を全部処分してください」となります。

でも、親が転ばないように子どもがあれこれ対策を取っても、転ぶときは転びます。転ぶかもしれないけれど、何か取りたいものややりたいことがあるから、頑張って立ち上がろうとしているわけです。

それを、**転んだら困るからと、「お母さん、椅子から立ち上がらないで」と制止するのは、親のやりたいことを奪ってしまうことになります。**本当に親のことを思うなら、親の好きにさせてあげませんか。

ただ、そう思っていても、やはりそばで見ていれば、つい手を差し伸べたくなってしまうのが家族というものです。そばにいると、転ばないように「ああしなさい、こうしなさい」と余計なことを言ってしまいます。でも、離れていれば見えませんから、親にプレッシャーを与えずにすみます。ですから、やはり距離感が必要なんです。

――親の安全を守るのは、子の務め？

物忘れや生活の変化など、症状はいくつかありますが、認知症の親を持つ家族のいちばんの心配の種は徘徊《はいかい》だと思います。実際、外に出たまま家に帰ってこず、行方不明になってしまうケースが増えていて、社会問題にもなっています。
「このまま帰ってこなかったら、どうしよう」「どこかで事故にでも遭っているんじゃないだろうか」。家族は気が気ではありませんから、GPS（全地球測位システム）をつけることを検討している人も多いと思います。

本来は本人の了解を取ったほうがいいのでしょうが、伝えることでかえって混乱しそうなのであれば、知らせずにこっそりつけるのもありかと思います。

大事なのは、GPSをつけているからこそ、家に閉じ込めない、「もっと外に出てもいいよ」と言うことです。GPSを使う目的は、あくまで親が外に出て道に迷ってしまったときに、居場所をスムーズに把握するためです。GPSをつけておきながら、家に閉じ込めてストレスを与えてしまっては、まったく意味がありません。

認知症の症状には大きな要因が2つあって、1つが脳のなかの海馬《かいば》が萎縮するという器質的な変化、もう1つが本人にかかるストレスです。この2つの要因が掛け合わさって、暴言、暴力、徘徊などいろいろな症状となって表れます。

ですから、脳の萎縮が相当進んでいたとしても、本人にかかるストレスが緩和できていれば、物忘れがあっても穏やかな状態でいられます。逆に、脳の萎縮がそこまで進んでいないにもかかわらず、かかるストレスが強いと症状は激しくなってしまいます。そして、とても残念なことに、そのストレスの多くは、家族がよかれと思ってやっているケアに原因があります。つまり、親が徘徊したり暴言を吐いてしまうのは、家族にその原因があるかもしれないのです。

――認知症を悪化させる声かけ

多くの家族は、認知症の親の徘徊がはじまると、家に閉じ込めて外に出られないようにしてしまいます。たとえば、玄関を開けるとチリンと音が鳴るようにベルをつけたり、家族が片時も目を離さないよう交代で、まさに〝見張り〟ます。

でも、私の今までの経験から言っても、それは逆効果だと言わざるを得ません。本人を混乱させてしまいますから、家族が目を離した隙に、ふらっと出て行ってしまう可能性が高まるんです。「徘徊するからといって外に出さないのは、本人の混乱を生んで、よりトラブルを増やしてしまうのでやめましょう」と書いてある記事を読んだことがありますが、私もその通りだと思います。

徘徊は心配かもしれませんが、ＧＰＳをつけているのですから、家のなかに閉じ込めず、外に出てもらってはどうでしょう？　現在は「地域の高齢者見守りネットワーク」というものがあって、そこに事前に登録するのも1つの方法です。ただ、徘徊が頻繁《ひんぱん》になってきたら、そのときは施設に入ってもらうことを検討したほうがいいと思います。

また、家族は認知症の進行を少しでも遅らせたくて、「お父さん、夕ご飯に何を食べたか、覚えてる？」「孫の名前、言える？」「お父さん、今いくつ？」などと、できなくなっていくことを主体に聞いてしまいます。

でも、**親のためと思っているこうした声かけが、実はいちばんよくありません。**忘れていくことを知ることで、逆に本人にストレスがかかり、混乱させてしまいます。つまり、家族が認知症予防だと思ってやっていることが、認知症を悪化させているわけです。恐ろしいことですよね。

お父さんの記憶がどんどん失われていくのを目の前にすれば、こんなふうに声をかけるのは仕方のないことです。こう書いている私でも、実際に自分の親を前にしたら、同じことをしてしまうでしょう。それが家族の心理だと思います。だったら、目にしないほうがいいのです。

認知症を患うと怒りっぽくなると、よく言われます。脳の構造上、たしかにそれはあるのですが、本人と家族の会話を聞いていると、**「怒りっぽいのではなくて、怒らせているんじゃないか？」**と思うことがよくあります。

「お父さん、何やってるの⁉ 立ち上がらないでって言ったじゃない」なんて言われたら、認知症じゃなくたって、「娘のクセに、なんだっ！」って声を荒らげて言い返したくなりますよね。

デイサービスで働いていた頃、「家に帰ると、娘にキャンキャン文句を言われるから、ここに泊めてくれないか？」と懇願されたことがあります。介護施設にいらっしゃることで認知症の症状が落ち着いた、というケースもごまんと見てきました。

認知症の方のケアには、専門的な知識や対応が必要です。そのトレーニングを受けていない家族が行動を制限したり、まずい声かけをしたりしてしまうと、症状が悪化する原因になりかねません。そのうえ、深夜の見守りは肉体的な負担も大きく、共倒れになってしまう危険性もあります。徘徊が頻繁になってきたら、子どもが頑張らず専門家に委ねることが、結果的に親の安全を守ることにつながると思います。

――「親のため」が「自分のため」になっていないか

家族で介護するのはもう限界だ。施設に入ってもらうしかない――こんな話をよく耳にしますが、よくよく考えてみると、おかしくないですか？

なぜ、家族は「もう限界だ」と悲鳴を上げるまで、親の介護を頑張ってしまったのでしょうか。「人間、年をとったらみんなこうなってしまうんだから、仕方がないよね」と思って頑張らなければ、「もう限界だ」とはならなかったはずです。

限界を感じるまで介護に関わってしまったのは、もしかしたら自分の不安を解消したかったからではないですか。つまり、「親のため」と言いながら、結局は「自分のため」の介護になっていたのではありませんか。

でも、子どもがどんなに頑張って介護しても、安心感が得られることはありません。むしろ、不安はどんどん強くなります。親が老いて、いろいろなことが次々とできなくなっていく姿を近くで見ていて、不安がやわらぐ人はいないでしょう。

そして、不安が強くなっていけば、「お母さんを介護しているせいで、私の年収、いくら下がったと思っているの⁉」「お父さんより先に、こっちが倒れそうだわ」などと、言わなくてもいいことを言ってしまいます。そのあと、「なんてことを言ってしまったんだろう」とすごく後悔するんです。

もともと親をしっかりお世話してあげるような子どもです。親を傷つけるようなことを言ってしまったという罪悪感は、介護をやらないことの罪悪感の比ではありません。介護の現場にいたとき、そういう場面をよく目にしましたが、皆さん本当につらそうでした。

ですから、親のそばで介護をして、不安や罪悪感をなくそうとすること自体が、もはや違うのではないかと思います。**介護に対して、どれだけ自分たちが頑張って向き合ったとて、不安や罪悪感を拭うことは、決してできません。**だとすれば、自分の心と体の健康を保ちながら、どう親を介護したらいいかを考えるべきなのではないでしょうか。

――家族だからこそ距離を取る必要がある

「親のそばにいる」ことで、言わなくてもいいことを口走ってしまい、強い罪悪感に苛《さいな》まれたりするくらいなら、逆に一緒にいないほうがいい。年とともに、どんどんいろいろな

ことができなくなっていく親をそばで見ていて不安が抑えきれず、つらく当たってしまうくらいなら、距離を取ったほうがいい、と私は思います。

どういうわけか、多くの子どもは、それまで親と離れて心地良く暮らしていたにもかかわらず、いざ介護となると、昭和のホームドラマのような家族を目指してしまいます。残された時間はそれほど多くはないと考え、たくさん休みを取って、あるいは同居を選択して、親となるべく時間を共有して懸命に支えようとします。

でも、先ほども触れた通り、それで不安が解消されるかというと、むしろ逆です。「うちの親は、これからどうなっていくんだろう」という不安が、どんどんどんどん強くなります。なぜなら、老いは誰にも止められないからです。どんなに家族が懸命に支えたとしても、転びやすくなるし、記憶力も低下していくものなのです。

私が、「親とはなるべく一緒にいないほうがいい」「距離を取ったほうがいい」と言うと、「冷たい」とか「ドライだ」と感じる方もいるようです。でも、これは私が訪問入浴やデイサービスといった介護の現場をいくつか経験し、子どもが親を虐待するという痛ましい事例をたくさん見てきて辿り着いた結論です。

直接自分で介護しようとするから、介護離職を考えてしまうし、実際に介護した結果、共依存になったり、親を虐待したりしてしまうのです。

病院で、親の診察に付き添っている息子さん、娘さんの姿をよく見かけますが、何組かは必ずと言っていいほどケンカをしています。「お父さん、名前呼ばれたの、聞こえてないの？」「お母さん、もっと早く立ち上がれないの？」などと怒鳴り散らしているんです。具合が悪いから、体が動かなくなっているから来ているのに、と見ていて悲しくなります。

でも、そんな思いまでして診察室に入ったかと思うと、3分くらいで出てくる。3分あるかないかの診察のために、子どもは会社を休んで、片道1時間も2時間もかけて、親を病院に連れて来ているんです。それで着いたと思ったら、さらに待ち時間が1時間も2時間もかかる。親に怒鳴り散らしていたとしても、責められないですよね。

——親の姿をあえて〝見ない〟ようにする

「母親の都合で病院を予約してしまって、こっちの仕事の都合はお構いなし。だから、病院に連れて行くのが大変なんですよ」という息子さんや娘さんからの声もよく聞きます。

でも、**なぜ子どもが親を病院に連れて行かなければいけないのでしょうか。**都合が悪いなら、断ればいいだけの話です。できないなら仕方ない。無理なら、親は友だちに付き添ってもらうかもしれないし、看護師が付き添ってくれる民間サービスを利用することもできるだろうし、そもそも1人で通えないのであれば、訪問診療に切り替えてもいいはずですよね。

それを、無理してでも親に合わせて付き添ってしまうから、「うちの子は言うことを聞いてくれるから」と勝手に日程を決めて、「あんた、来れるんでしょ⁉」となってしまうわけです。

自分のキャリアを削って、時間とお金をかけて親の病院通いに付き添うのは、一見親孝行に思われるかもしれません。しかしそもそも、たった3分間診察してもらうだけのために病院に行く必要があるのでしょうか。今日は都合が悪いから付き添えない、ではダメなのでしょうか。もしかしたら、病院に行くことが目的になってしまい、親の症状は少しも改善されていないかもしれませんよね。

親の手元や足元が覚束なくなったとしても、「ご本人はなんとかやろうとしているのだから、あまり手を出しすぎるのはよくないですよ」。私がそう言うと、「じゃあ、もっと我慢しろ、っていうことですか？」と返されるんですが、そうではないんです。

親がうまく物が取れなかったり、こぼしそうになったりすれば、見ている子どもは手を差し伸べたくなって当然です。手を貸さずに見ていることはつらい。だから、やっぱりちょっと離れて〝見ない〟ようにするのが得策です。そのうえで、**自分以外の人にも親の通院や介護に協力してもらえるようなルートを確保するのも、立派な介護**です。

そう考えると、同居というのはやはり難しい。最近も、同居して親を介護している家族から、「自分の感情がコントロールできなくなってしまった」「これまでの親子関係が全部、引っくり返されてしまった」という相談を受けて、家を離れてもらったケースがいくつもありました。

――同居より遠距離介護のほうが幸せ⁉

「また、親が怒り出すんじゃないか」と怯《おび》えながら、来る日も来る日も親の介護をしていたとしたら、もはや正常な状態ではありません。面倒を見れば見るほど親は弱っていくし、環境が悪くなっていくのでしたら、同居している意味はないでしょう。

なかには金銭的な理由で同居を選ばれている方もいらっしゃいましたが、家賃を払うのと介護離職をした場合のダメージを比べてもらって、家を出ていただいたケースもあります。実際、「離れて、すごく気持ちが落ち着きました」と言う方がとても多いのです。

少し前に、80代の夫が70代の寝たきりの妻を殺害するという、痛ましい「介護殺人」が起こりました。このご夫婦は社会問題にもなっている老々介護の状態にはありましたが、実は二世帯住宅に息子さんの家族と同居していたんです。頼れる息子さん夫婦と一緒に住んでいて安心なはずの二世帯住宅で、なぜこのような事件が起こってしまったのでしょうか。

私は、家族が近くにいるからこそ、「このつらさをわかってもらえない」と、父親の孤独感が強まってしまったのも、原因の1つではないかと思うのです。あるいは、「何かあれば息子夫婦に頼ればいいから」と介護サービスを入れず、**自分だけで頑張ろうとしてしまった**のではないでしょうか。

介護は育児とは異なり、時間の経過とともに支える側の負担はどんどん増えていきますから、だんだん家族の手には負えなくなってきます。でも、**子ども夫婦が同居したりしていると、やはり介護のプロの手が入りづらい**んです。

一方で、遠距離介護の方は、「自分たちはそばで面倒を見ることができないから」と、早めにケアマネジャーやヘルパーなどとつながって介護サービスを利用します。どちらがいいのでしょうか。

親から離れると、日本人特有の「親の介護は子の務め」という意識が薄まりますから、自分の気持ちに余裕が生まれます。そして、自身の生活が大事にできているからこそ、親にも優しく接することができるようになります。

距離を取ることは、介護する家族にとっても、ケアされる本人にとっても大事なことなのです。

――家族仲がよくなくても「いい介護」はできる

人間関係のことですから、たとえ親子でも、合う、合わないはあります。親と一緒にいると、メンタルがやられる、苦痛だと思う人もいるはずです。だからこそ距離を取って暮らしていたのに、介護が必要になると葛藤《かっとう》するんです。「親の最期くらいは面倒を見たほうがいいのだろうか」と。

でも、そこで「自分も人間的に成長しなきゃいけない」などと思って、自分を納得させて頑張ったとしても、心地良く支えられるでしょうか。結局、親を傷つけるだけになってしまうと思います。

もし、自分の親のことを〝毒親〟と思えているのなら、実は介護の問題もすでに解決しているはずです。いいじゃないですか、そのままの距離感で。無理に距離を縮めようとせず、なるべく会わないですむ方法を考えましょう。**めったに顔を合わせない親子でも、介護される親がその人らしく最期を迎えられるよう、介護サービスなどをうまく使ってサポートできれば、それは「いい介護」**だと思うのです。

むしろ、親を尊敬していて、なんとか親にいい人生の最期を迎えてもらいたいと本気で思っている人のほうが、危ないと思います。元から同居しているならいざ知らず、介護をきっかけに同居して介護するなんて、悲惨な結末しか見えません。

先ほども書きましたが、この40年間で、家族の形は変わってきています。みんなが1つ屋根の下で懸命に支え合いながら暮らしている、というのは昭和の家族ドラマのようなもので、多くの家では進学や就職などを契機に子どもが独立し、自由な距離感で暮らしています。

それなのに、なぜか日本人は、介護となると急にドラマのような家族を目指してしまうんです。そして、それができないとなると、自分が悪い、相手が悪いとなってしまう。そうすると、**家族の関係は壊れますし、家族関係が壊れるということは、大事に思っている親の生活をも壊すことになる**のです。

いっそ、もうこの距離感のままでいきませんか？　親子仲が良くても悪くても、今までの距離感が心地良かったのなら、それを無視して距離を縮めようとするのはやめましょう。家族のテンプレートに当てはめてできるほど、介護は簡単ではないのです。

――食後に「ご飯、まだ？」と聞かれたら

認知症を患った人には、どんなケアをすべきなのか。物の本には「相手の言っていることを否定しない」「穏やかな口調で関わる」「話し続けられる話題を提供する」など、基本的な接し方が書かれています。

親が認知症になった家族のなかには、こうしたハウツーが書かれた本を買って、一生懸命に勉強しようとする人がいますが、私はお勧めしません。認知症の親と正しくコミュニ

ケーションを取ろうとしたら疲れてしまいますし、家族が先に倒れてしまいますよ。**家族なんですから、感情をストレートに出したっていい**と思います。「お父さん、さっきご飯を食べたばっかりじゃないの」と言ってもいいんです。

ただ、度が過ぎると、否定したり怒ったりと、お互いがつらくなってきてしまいます。そうしたら、ご飯のあとはなるべく親のそばにいないようにすればいいんです。やっぱり、ここでも距離が必要なんですね。

ちなみに、私たち専門職は、「ご飯、まだ?」と聞かれたら、「慣れていなくて、まだご飯の準備ができていないんです。チャッチャとできなくてごめんなさいね。ご飯ができるまで一緒に待ちましょう」と言って、隣に座ります。そして、「待っている間、編み物でもしませんか?」と、その方が好きなことをしてもらうんです。

認知症の方が、「ご飯、まだ?」と聞くのは、「私は食べたかどうかわからない。ご飯の記憶がないの」という不安を口にしているんですね。それに対して「さっき食べたばっかりでしょ」と返してしまうと、その人を否定してしまうことになりますから、本人を余計に不安にさせてしまうんです。

そこで私たちは、この方が大好きな編み物を一緒にやってもらうことで、「私はまだ大丈夫」と思ってもらえる場を提供し、安心してもらいます。その結果、「ご飯を食べたかわからない」という不安が、本人の頭のなかから消えるのです。

私はこれができるようになるまで、3年かかりました。しかも、今お伝えしたのは、いくつかあるパターンの1つに過ぎず、いつもいつもこんなに教科書通りにうまくいくとは限りません。「きっと、これかな?」「いや、違うな。この方法かな?」と試行錯誤を繰り返して、辿り着いてうまくいったときに「やった!」というレベルです。

私たち専門職が介護をする際の心構えである「クールヘッド、ウォームハート」の状態で接しないと、決してできることではありません。家族がこれをやるのは至難の業だと思います。

なかには、認知症になった親のために「資格を取ろうと思うんです」と言う人もいるんですが、やめましょう。専門職である私だって、親が認知症になったらやっぱり否定してしまうし、怒ってしまうと思います。

長く認知症疾患に関わってきた医師の繁田《しげた》雅弘《まさひろ》先生は、家族にずっと「怒ってはダメです」と言ってきたけれど、あるときを境にそれをやめたそうです。そして「そうだよね、怒っちゃうよね。僕だって家族だったら、同じことをすると思うよ」と言うと、「専門医の先生でもそうなってしまうんだから、仕方ないことだよね」と、家族が怒る頻度が下がるそうです。私はその話を聞いたとき、まったくその通りだと思いました。

家族は、子どもは、親の介護人ではありません。よき介護人であろうとすることがプレッシャーになり、うまくいかなくて結局怒ってしまい、自分を責めることになる。そうなるくらいなら、少しくらい「さっき、ご飯、食べたでしょ」と言ってもいいんじゃないかと思うんです。

そして、食事のあとは、親のそばから離れるなど工夫をしながら、だんだん進行していく親の症状を受け入れる、老いを受け入れる努力をしましょう。そのためにも、やっぱり距離を取る必要があります。「『ご飯、まだ?』って言われると、どうしても怒っちゃうんだよね」と怒ってしまう自分を自覚できれば、距離も取れるようになっていくと思います。

――直接介護をすることだけが、介護ではない

日本人は、親の介護と聞いた瞬間、急に視野が狭くなって、直接手をかけて面倒を見ることと定義してしまいます。ですが、家族ができる介護はそれだけではありません。むし

ろ、直接手をかけたりお金をかけてたくさんのサービスを受けさせることは、家族がやるべき介護ではないと思います。それよりも大事なことは、

「親は何をしているときがいちばん幸せなのか、穏やかでいられるか」

を、介護に関わるスタッフなどと共有しておくことです。

私たち介護に関わる人間は、どういう介護をしていこうかとご家族と考えるとき、その方がどういうところで生まれて、どんな社会生活を送って、ここまで生きてきたのかという基本的な情報を知っておく必要があります。

たとえば、親族に1人も医者がいないのに、その方だけ医者になったのだとしたら、そこには必ず理由があるはずですよね。その理由を知っているのは家族だけなんです。そういう情報をもとに、その方には医療知識を伝えるのがいいのか、それとも完治した人のエピソードを話すのがいいか、介護していくうえでの関わり方を探っていきます。息子さん、娘さんからうかがう情報が、いい介護につながるのです。このとき、家族の関係が良好でないと、そして、家族の気持ちに余裕がないと、大事な情報が聞き出せません。

よく、施設に入居した親に対して、「お父さん、どう？　ちゃんとご飯、食べてる？」「スタッフさんの言うこと、ちゃんと聞いてる？」と、声をかけているご家族を見かけま

す。でも、私はそれは聞かなくていいのかなと思います。

それよりも、一緒に旅行に出かけたときの話だとか、大好きだった趣味の話など、家族にしかできない会話をしていただくと、それをスタッフも共有できますから、介護の際の助けになります。

――「家族にしかできない介護」とは

「お風呂が大好きだから、温泉つきのケアハウスに入れてあげたい」。そう思うのもいいですが、たとえ入居できなかったとしても、家族や本人から、「温泉好きで、草津の湯に行ったときは楽しかった」という話を聞けていれば、それで十分補うことができます。職員が草津の湯の入浴剤を見かけたら、それを買ってきて入浴のときに入れてあげるなど、コミュニケーションを取ることができるわけです。

家族が持ってきた写真を壁に貼ったり立てかけておくことで、職員との話題ができますし、その写真がときどき変わったら、会話の糸口になり、本人と職員の関係はかなり密接になると思います。そして、ひいてはそれが本人の穏やかな時間につながります。

こうしたことこそ、子どもにしかできない介護だと、私は思います。

面会とて、時間や頻度が重要なのではありません。親から「家に帰りたいわ」と言われたときに、「また今度ね」と言える余裕があるかどうかのほうが大事です。「帰りたいわ」と言われたときに罪悪感を抱くようであれば、無理をして面会に行かなくてもいいかもしれません。

たまにしか行けなくても、楽しかったときの思い出話ができればいいんです。ご高齢者の方のなかには、自分のことが子どもたちの生活の妨げになることに心を痛めていらっしゃる方が、とても多いと感じます。そういうお父さん、お母さんには、自分が今、社会のなかでどんな活躍をしているかを面会のときにお伝えするのも、励みになると思いますよ。

――離れていても「いい介護」はできる

対談でご一緒した女優の柴田理恵《しばたりえ》さんは、東京で仕事をしながら、富山で1人暮らしのお母さまを、ケアマネジャーやヘルパーとやりとりしながら、遠距離で介護をしていらっしゃいました。そして、ときどき帰省して、「私は、お母さんの子どもでよかった」と話されていたそうです。これは、素晴らしい介護だと思います。

柴田さんと対談したときに、私におっしゃったことがあります。

いくら「親には親の、子どもには子どもの人生がある。私は何かあっても、お前の世話になるつもりはない」と母が言っていたからといって、実際のところは、要介護4の親の介護は他人に任せっぱなし。まわりを見渡せば、介護のために親を呼び寄せたり、仕事をやめてそばで介護をしている人もいるというのに、自分は東京で仕事をしていて、母親の世話は富山にいるケアマネさんや、近くで暮らす親戚などにおんぶにだっこの状態。遠距離介護と言えば聞こえはいいけれど、自分が面倒を見ない言い訳にしているみたいで、本当にこれでいいのだろうかと、自信がなかったそうです。

そんなとき、テレビ番組でご一緒した私に、**「親に介護が必要になったからといって、離れていた親子がいきなり一緒に住んでもうまくいきませんよ」**と言われて腑《ふ》に落ちたそうです。柴田さんも、実家に3日もいればお母さんとケンカになるのが目に見えていたそうで、ある程度の距離感は必要かもしれない、と納得。それで迷いが吹っ切れて、気持ちがラクになったといいます。

離れていても、介護のプロやご近所さんの力を借りて、お母さまとの間でうまくコミュニケーションを取りながら見守る。これも立派な介護です。

1人暮らしの親に介護が必要になったとなると、皆さん、呼び寄せるか、自分が帰るか、あるいは施設なのか、の選択になってしまいます。でも、柴田さんのように、ご自身は東京で仕事を続けながら、お母さまは住み慣れた富山で暮らしながら、**お互いの生活を大切にしつつ、サポートしていくことだってできる**のです。

柴田さんは、お母さまと話ができる関係性で、介護が必要になる前から、「いつまでも自分の家で暮らしたい」「子どもの世話になりたくない」という思いを聞いていたからこそ、遠距離介護という選択肢も考えられたのだと思います。

そうは言っても、昨今の地震災害のニュースなどを聞くと、「足が不自由な親を1人にしておいて大丈夫なのだろうか」と考えてしまうでしょう。最近、耳にすることの多い地震予知も、親を呼び寄せようかと考えてしまう要因かもしれません。

――「親の生活も自分の生活も守る」という選択

東日本大震災の折、私は支援のために被災地を訪れました。そこには大変な避難生活を強いられていても、やっぱりその土地を離れたくないという高齢者の方がたくさんいらっしゃいました。柴田さんのお母さまもそうですよね。それはご先祖様からの土地やお墓を守るという使命感や、生まれ育った土地への愛着が「生きがい」にもなっているからです。

ですから、たとえ心配でも、一緒に住むことを無理強いせず、生まれ育った土地で最期を迎えたいという親の思いを受け入れましょう。

あらかじめ親が住んでいる自治体の災害時要援護者名簿などに登録したり、電話がつながりにくいときのためにＬＩＮＥでつながっておくなど、遠くから見守る方法はいくらでもあります。

介護と聞いて、「1人にさせておくわけにはいかない。どうしよう」ではなく、**自分たち親子がお互いに穏やかな状態でいるには、どうしたらいいのか。**それを話し合ったり、探したりするところからが、介護のスタートなのだろうと思います。

第3章

介護サービスは「家族の代わり」じゃありません

誰も教えてくれなかった介護保険の使い方

――9割の人が誤解している「介護保険制度」

介護保険制度は、家族の負担を減らし、介護を社会全体で支えるという目的で、2000年から始まった公的な保険制度です。

実はその前から、行政が判断してサービスの量や業者を決める「措置制度」という介護サービスがありました。ただ、女性の多くが専業主婦という形で家にいて、自分の両親や義父母の介護を担っていましたし、そもそも、そうした「福祉の世話になる」ということに拒否感を示す人が多くて、あまり利用されていないのが実情だったのです。でも、時代とともに家族の形が変わって核家族化が進み、寿命が延びて要介護者が増えたことで、新たに介護保険制度がスタートを切りました。

ただし、介護が社会化されたといっても、その仕組みが社会化されただけであって、人の意識はそう簡単には変わりません。制度がはじまってすでに24年が経ち、家からは専業主婦が消えていき、劇的なスピードで少子高齢化が進んでいるにもかかわらず、「親の介護は子の務め」という家族意識は40年前と変わらず、今も色濃く残っています。ですから、多くの人が使い方を勘違いしてしまうのです。

介護保険は本来、高齢者の自立を支援するためにはじまったサービスです。それなのに、**ほとんどの人が「家族の代替サービス」のように勘違いしてしまっている**のが、介護の問題を複雑にしている大きな要因です。

「親の介護は家族がするもの」という固定観念に縛られて、家族が一生懸命に手取り足取り介護をして、「もう、これ以上は無理だ」となったときに、それと同じようなことを介護保険でやってもらおうとするのです。でも、**介護保険は介護する家族の不安を解消するためのサービスではない**んです。

介護休暇・休業についても、多くの方が同じように誤解していると感じます。

「はじめに」でも触れましたが、２０２５年４月から育児・介護休業法が改正されて、介護休暇・休業がさらに取りやすくなるでしょう。会社は介護休暇・休業に関しての規定を従業員に事前に知らせてくれるようになりますし、入社して間もない人でも介護休暇・休業が取れるようになります。

でも、**「介護休暇・休業を取る権利がある」**ということと、**「その休暇・休業を使って直接介護すること」が、親のためになるかどうかは別問題。**その判断が冷静にできている人が本当に少ないと、日々相談を受けていて感じます。

会社が制度だけを説明するのではなく、「休暇・休業は取りやすくなりましたけれど、直接介護することが本当にいい介護になるかどうか、よく考えて使ってくださいね」というところまで説明してくれればいいのですが、介護の専門家ではないですから、なかなかそこまで踏み込んではくれないでしょう。

育児・介護休業法という1つの制度になっているのも誤解を生む原因で、育児休暇・休業と同じように受け取られてしまうのですが、それは大間違い。育児休暇・休業を取ったときと同じような感覚で、介護休暇・休業を親を直接介護するために使ってしまうと、仕事と両立するどころか介護離職することにもなりかねないので、気をつけなければなりません。

――介護保険の目的は「高齢者の自立支援」

私が今、介護に悩む「家族」の相談に乗っていることは、すでに述べました。なぜこのような活動をしているかというと、高齢者を支えるたくさんの家族が悩みを抱えているにもかかわらず、**介護保険制度はあくまで高齢者の自立支援が目的であるため、家族のケアが抜け落ちてしまっている**からです。

地域包括支援センターもケアマネジャーも高齢者のためのものであって、基本的には家族のためだけに時間をじっくり使って相談には乗ってくれません。私たち介護職は、高齢者の支援をしてはじめて報酬をもらえるというのが、現行の制度のルールなのです。

では、なぜ、家族のケアが抜け落ちているのでしょうか。

日本の福祉制度がお手本にしているのは、アメリカ、イギリスなど欧米で考えられたものがほとんどです。介護保険もドイツの制度をモデルにして作られました。つまり、ヨーロッパの個人主義の考え方に基づいた制度を、家族意識の強い日本に当てはめているので、そこに歪みが生まれてしまうんですね。

欧米は個人主義でプライバシーを尊重しますので、子どもとはいえ、親の生活に立ち入ることをよしとしません。それは介護においても変わりません。多くの場合、入居する施設も、使うサービスも、基本は高齢者本人が自分の意思で決めています。

スウェーデンやデンマークの人に、日本人特有の「親の介護は子の務め」の考え方を話したら、きっと「親の施設を、なぜ子どもが決めるのかわからない。親の尊厳を奪うんですか？」と言われると思います。多くの人が宗教による揺るぎない死生観を持っているのも、子どもに頼らずにいられる要因の1つかもしれませんね。

つまり、日本人のように、子どもが介護に関わることはありませんから、家族のケアはそこまで必要とされていないのです。ニーズがないので、それをフォローするサービスもないわけです。そうした国の制度を、「親の介護は子の務め」という特有の家族意識を持つ日本で適用しているので、さまざまな問題が出てしまう――のちほど詳しく記しますが、ビジネスケアラー（ワーキングケアラー）やヤングケアラーが社会問題になるのも、日本ならではなのではないかと思います。

――介護休暇・休業を使って「介護」してはいけない！

厚生労働省の休暇・休業制度というのは、あくまでも家族が介護の態勢を作るために使う制度であって、自分が直接介護をするために使うものではありません。でも、実際はその正しい使い方が伝わっていなくて、多くの方は介護休暇・休業を、親を直接介護するために取るものだと誤解してしまっています。

本来は、どのような心構えでケアするかをケアマネジャーと相談するとか、施設に下見に行く際に使うべき制度なのに、「親の介護は子の務め」という意識のままでいるから、「親に何かあったら、休暇・休業を取って介護ができるんだ」と勘違いしてしまうわけです。

具体的な例を挙げましょう。2人兄妹のうち、独身の妹が「自分のほうが身軽だから」と老父母と同居して、リモートワークをしながら両親の介護を一手に引き受けていました。ところが、その妹が過労で倒れてしまった。そうなってはじめて、兄は「まずい！　なんとかしなきゃ」と会社に相談に行くわけです。「介護で休みを取りたいんだけど、何か使える制度はありませんか？」と。

こうなってから、「休暇・休業はあくまで介護の態勢作りに使うものですよ」と言っても、実際に妹が倒れてしまっているんだから、妹の代わりをやるしかありません。私たち専門家であれば、「いやいや、そうじゃなくて、妹さんはなるべく自分で介護しようと頑張りすぎてしまった結果倒れてしまったから、同じように介護しようとしないほうがいいですよ」とアドバイスできますけれど、会社の担当者は介護の専門家ではありません。そうすると、結果として適用できる休暇・休業を介護のためにフルに使うことになってしまうんです。そのまま妹さんの病気が長引けば、それこそ会社を辞める羽目になってしまうかもしれません。

何か起きてはじめて会社に相談して、使える制度がないかを聞きに駆け込むので、そうなってしまうんです。起きる前に相談していれば、もっと介護休暇・休業を有意義に使えたはずでした。

今回のケースで言えば、妹さんが介護をしている旨を会社に伝えて、介護休暇・休業を取る。そして、お父さんやお母さんを担当しているケアマネジャーと面談をして、「万が一、妹が倒れたときは、ショートステイを確保するのか、デイサービスを利用したほうがいいのか、どういう態勢でケアしましょうか？」と相談しておくのが理想的です。それと同時に、お兄さんは妹さんの愚痴《ぐち》を聞いてあげて、妹さんの介護の負担を軽くするとともに、今の介護状態を把握して、ケアマネジャーにその情報を流しておく。そうすれば、妹さんが倒れることも未然に防げたかもしれません。

介護休暇・休業が取りやすくなるのはいいことですが、その制度の存在だけが伝わってしまうと、「親が倒れたら、休暇・休業を取って自分で介護できる」と誤解してしまうリスクも高まって、介護離職を防ぐどころか、後押ししてしまいます。介護休暇・休業が取りやすくなったことだけでなく、そもそも、どう使うべきなのかも伝えていく必要があります。

――どうすれば、仕事と介護を両立できるのか

介護離職を防ぐための制度と聞くと、「介護のためにたくさん休んでも、会社を辞めなくてもすむ」ことを目的にしているように思いがちです。でも、仕事と介護の両立とは、「会社を休んで、家族がそばでたくさん介護する」ことではありません。そこを勘違いすると、介護離職どころか、高齢者虐待につながってしまう危険性もあるということを知っておいてほしいと思います。

「うちの会社は、介護に理解がなくて休めなかったから、仕事を辞めざるを得なかった」という人もいるかもしれません。しかし私は、それは防ぐことができたのではないかと思います。なぜかというと、離れて暮らしていても、仕事と介護を両立している人がいるからです。第2章でお伝えした柴田理恵さんの遠距離介護もそうですが、そういったケースはいくらでもあります。**親の介護をするために仕事を休むことは、マストではない**のです。

では、仕事と介護を両立させるには、どうしたらいいのでしょうか。

たとえば、認知症の母親から息子さんのところに、毎日のように「寂しい」「寂しくて死にそうだ」と電話がかかってきて困っているとします。しかし、息子さんが会社に介護休暇・休業を申請して、取るものも取りあえず母親のところに駆けつけたとしても、きっとお母さんは「寂しい」と言ったことさえ忘れているかもしれません。

それでも「寂しい」と繰り返す母親を放っておけなくて、息子さんが大事な仕事を休業して、実家に戻ったとします。仕事ができる息子さんというのは、総じてなんでもやってしまいますから、そうするとお母さんはやることを全部手放して、頭を使うことすらしなくなります。その結果、認知症が進んで、ケンカも絶えなくなるでしょう。これは親にとっても、決していい介護とは言えませんよね。

そうまでしてもいい介護ができないのだとしたら、**プロと相談して、なるべく仕事を休まないでケアできる方法を探る。**これが、仕事と介護の両立だと思います。

企業が介護に対して前向きであることはもちろん大切なことですが、個人個人がそれを正しく理解できているかも、同じくらい重要だと私は考えます。第2章で触れた通り、いい介護とは、「高齢者の方にとって穏やかで継続性のあるケア」をすることです。子どもが仕事を休んでそばにいるより、親の世話にかかりきりにならずに仕事していたほうが、親も子も穏やかでいられるケースはたくさんあります。

「自分で直接介護をせずに仕事をしていたほうが、親にとってもいいケアになるんですよ」と伝え、そのためには具体的にはどうしたらいいのかを考えて、気持ちの面から支援していく。これが本当の「仕事と介護の両立」なのではないでしょうか。

――「地域包括支援センター」は家族介護の強い味方

家族の介護に直面していない人にとっては、「地域包括支援センター」と言っても、「何？　それ」という感じではないでしょうか。

この窓口の存在自体を知らないこともそうですし、知っていたとしても、**「家族に介護が必要になったとき、いちばん最初に連絡するところ」**という認識が、そもそもないのだと思います。

なぜなら、多くの人は「親に何かあったら、まず家族が駆けつけてなんとかする」のが初期対応だと思ってしまっているからです。地域包括支援センターが知られていないこともそうですが、それ以上に**家族意識の強さも大きな課題**だと思います。

地域包括支援センター（以下、包括）とは、地域で暮らす高齢者を、介護、福祉、健康、医療などの面から総合的に支援するために、市町村に設置されている公的な総合相談窓口です。基本は65歳以上の高齢者が対象ですが、65歳になっていなくても、要支援や要介護認定を受けている人や物忘れが気になる人、そして介護に関わっている家族などでも、無料で利用することができます。

多くの場合、家族が頑張ってやってみて、「これ以上はもう無理だ」となったときに、相談先をネットなどで調べ、包括に辿り着いて連絡してきます。ただ、私に言わせれば、もうこの時点で使い方を間違っています。たとえ包括のことを知っていたとしても、頼ろうとせず、まずは自分たちでなんとかしようとする人もいます。私たちのような介護の仕事をしているなかにも、介護の仕事をしているのだから自分でやろうと思ってしまう人は少なくありません。いずれにしても、家族の絆《きずな》が強ければ強いほど連絡しません。

でも、たとえ絆が強い家族であっても、家族のなかで抱え込まず、最初から包括と相談しながらサポートしていったほうが、親にとっても、自分にとっても、間違いなくいい介護の形が取れると思います。

家族の不安解消！　チェックシート

まずは心配な家族を想像しながらチェックをしてみてください。次に、実際にその家族と会ってみて、改めてチェックしてみてください（すべてを完璧にチェックする必要はありません。よくわからない場合は「不明」にチェックを入れてください）。

1. 1人でバス・電車・自家用車で出かけているか？	はい	**いいえ**	不明
2. 日用品の買い物に出かけているか？	はい	**いいえ**	不明
3. 週に1回は外出しているか？	はい	**いいえ**	不明
4. ここ最近、外出の回数が減ってきているか？	**はい**	いいえ	不明
5. 預金の出し入れをしているか？	はい	**いいえ**	不明
6. 友人の家に出かけているか？	はい	**いいえ**	不明
7. 家族や友人の相談に乗っているか？	はい	**いいえ**	不明
8. 階段を手すりや壁をつたわらずに上っているか？	はい	**いいえ**	不明
9. 椅子に座った状態から何もつかまらずに立ち上がっているか？	はい	**いいえ**	不明
10. 15分ほど続けて歩くことができるか？	はい	**いいえ**	不明
11. この1年間で転んだことはあるか？	**はい**	いいえ	不明
12. 転ぶことに恐怖があるか？	**はい**	いいえ	不明
13. この半年間で2、3kg以上の体重減少があるか？	**はい**	いいえ	不明
14. 硬いものが食べづらそうにしているか？	**はい**	いいえ	不明
15. お茶や汁物でむせることがあるか？	**はい**	いいえ	不明
16. 同じ話題を繰り返し話すことがあるか？	**はい**	いいえ	不明
17. 自分で電話番号をダイヤルして電話をかけているか？	はい	**いいえ**	不明
18. 今日が何月何日かを把握できているか？	はい	**いいえ**	不明
19. 以前は楽しんでいたことが楽しめなくなってきているか？	**はい**	いいえ	不明
20. 以前はラクにやっていことが億劫になっているか？	**はい**	いいえ	不明
21. 疲れた、と落ち込んでいる様子はあるか？	**はい**	いいえ	不明
22. 日々の生活を楽しんで送ることができているか？	はい	**いいえ**	不明

- **濃い枠に3つ以上チェックが入った場合は、“高齢者の身近な公的相談窓口”である「地域包括支援センター」に相談してみてください。不安解消のアドバイスを受けることができます。**
- **地域包括支援センターは、【心配な家族が住んでいる地域　地域包括支援センター】でインターネットで検索することで調べることができます。まずはお電話でご相談ください。**

＊このチェックシートは厚生労働省の基本チェックリストを参考に作成いたしました。

【あなたの地域包括支援センター】（調べて記入してみましょう）
名称：
住所：
電話番号：

95ページに、親にどんな兆候があったら相談するタイミングがわかるチェックシートを載せましたので、こちらもチェックしてみてください。

――「包括」とつながるのが介護離職を防ぐ第一歩

先日、こんな相談を受けました。相談者はシングルの男性で、母親と2人で暮らしながら、バリバリ仕事をしています。その母親に認知症の傾向が出はじめたとき、折悪く、結婚して妻の両親と同居していたお兄さんが、脳梗塞で倒れてしまいました。しかも、高次脳機能障害の後遺症が残ったことで、義父母もいる家に居づらくなり、実家に戻ってきてしまったというのです。つまり近い将来、お母さん、そしてお兄さんにも介護が発生する可能性があるということです。

でも、相談者さんは、こうなるまで包括の存在を知りませんでした。本来は、お母さんに物忘れが見られた時点で包括に相談すべきでした。そうすれば、「お兄さんを受け入れないほうがいいですよ」とアドバイスできたと思います。あるいは、その段階で包括とつながっていれば、お兄さんが戻ってきても、なんとかなったと思うのです。

でも、ここまできたら、ちょっと冷たいようですけれど、相談者さんには「家を出たほうがいいです。すぐに包括に相談に行ってください」と伝えました。この先、お母さんかお兄さん、どちらかに介護が必要になったら、同居している弟さんは介護離職へ一直線です。

そんな状態ではとても仕事などできませんから、いろいろ気になるかもしれませんが、家を出たほうがいい。結果として、そのほうがいろいろな支援が入りやすくなります。あとあと大変な状態になることが目に見えていますから、包括は「これはまずい」と考えて、おそらく障害福祉課などと連携してケアプランを考えてくれるはずです。そうやって、**どちらかに介護が必要になる前に相談をしておけば、仕事を辞めなくてもすむ**と思うのです。

そもそも、脳梗塞で倒れたお兄さんが実家に戻るという選択をしたということは、おそらく家族の絆が強いご家庭なのだと思います。先ほども書きましたが、**家族の絆が強ければ強いほど、他人に頼らず、自分たちで介護しようと思ってしまいます。**そういうご家族ほど、残念ながらなかなか包括に辿り着けないのです。

――先延ばしすればするほど、あとが大変になる

たとえば、田舎で暮らす仲のいいご両親の、お母さんに物忘れの症状が出はじめたとします。結び付きが強いご夫婦ですから、息子さんがお父さんに様子を聞いても、お父さんはおそらく「大丈夫だ」と言ってきます。それを聞いて、息子さんが、「まあ、いいか。任せておこう」と流してしまうと、あとあと困ったことになる可能性大です。

お父さんには、包括に相談しようなどという気はまずないでしょうから、1人で抱え込んでしまうはずです。こういうときはお父さんの許可なく、息子さんが包括に連絡してください。そうすると、包括の職員が時折、様子を見に行って、「介護申請を出しませんか？」と声をかけてくれるはずです。結果、お父さんが介護疲れで倒れたりするのを未然に防ぐことができます。

親が年老いてきたとしても、いつ、どうなるかはわからないですよね。脳梗塞で倒れるのか、認知症になるのか、それとも転んで骨折して歩けなくなるのか――それによって介護のプランが全然違いますし、使うサービスも、入るべき施設も変わってきます。ですか

ら、これも育児と大きく違うところですが、介護の具体的な対応は、早いうちから準備をするのが難しいのです。

そこで、**「親に介護の兆《きざ》しが見えた早めの段階で、包括につながっておく」ことと同時に、心構えを準備することも大切になってきます。**

「人間というのは、いつか人のサポートを受けて、生きていかなきゃいけないときがくるんだなぁ」

「それを穏やかに支えていけるような距離感が、私たちの心には必要なんだなぁ」

そういう心の準備ができていれば、何か起きたときにもあたふたせず、「これはもう自然現象なんだから仕方ない。なるようになるよね」と思えるはずです。「何をしているときが、いちばん穏やかな気持ちでいられるか」といった話が、お父さん、お母さんが元気なうちからできていると、なおいいですよね。そうすれば、「親にとって穏やかで持続性のある介護」に辿り着きやすいと思います。

実際に、親の老いを切実に感じないと、なかなか介護について考えようとはしませんよね。でも、私たちは40歳になると、給与明細から勝手に介護保険料が天引きされるようになります。そのときに、「なんか、わけがわからないパンフレットが入っているな」で終わるのはなく、「そろそろ介護のことを考えなきゃいけないいな」と考えるきっかけにしてみてください。

——親が元気なうちに相談してもいい

「介護の兆しが見えたら、包括へ」と書きましたが、備えあれば憂いなし。実は、**親がまだ元気なうちに相談したっていい**のです。

今のところ問題はないけれど、「いざ、親に介護が必要になったとき、この地域はどういうサポート体制になっているんでしょうか」と事前に聞いて情報を収集しておくと同時に、それで相談先を確保しておきます。

親の介護の責任を負っていない、フラットな状態で相談するのがいちばんで、そうすれば、何かあったときの相談のしやすさも格段に変わってくると思います。そして、いよいよ親に介護の兆しが見えたらその状況を説明して、あとは包括と対話しながらケアを進めていくのがベストです。

ただ、覚えておいていただきたいのは、**包括が行うのは、あくまでそこで暮らす高齢者**

のサポートであって、家族の不安を解消するための窓口ではないということです。

「包括に相談したんだけど、全然役に立たない」という声をよく耳にするのですが、そういう人は往々にして、「何をしてくれるんですか?」と聞いています。

「お母さんが転んで骨折して、寝たきりにならないように見守っていてほしい」と言われても、転ばせないための支援というのは、本人の生活を制限する、権利を奪うことになってしまうので、包括にはできません。「親が認知症になったので、症状がこれ以上進まないように何か支援してください」と言われても、状態によっては支援しないほうがいい場合もあります。本人がまだ頑張れると言っているのに、それをサービスで補ってくださいと頼まれても、本人の自立度を下げることになってしまうのでできないのです。こうしたケースは、親のためというより子どもが自分の不安を解消してほしくて、どうしてくれるのかを相談してしまっているわけです。

そして、先ほども触れたように、**困ってから相談しない**こともポイントです。

実は包括の職員が消耗してしまうのは、緊急対応ばかりするからです。なかでも多いのが虐待です。それまでなんの相談もせず、息子が1人で母親の介護をしていた結果、にっちもさっちもいかなくなってしまう。そして、ある日突然、「息子さんが包丁を振りかざしているみたいです」と近所の人から通報が入って駆けつける。一応、警察も呼びますけれど、何かあったら警察が到着する前に、職員は息子が包丁を振り回しているかもしれない部屋に突入せざるを得ません。いくら仕事とはいえ、つらすぎませんか？　しかも、そうなっているのは、「自分が親の面倒を見なきゃ」という子どもの愛情からなのです。

包括のスタッフを消耗させず、より質の高いケアをしてもらうためにも、こうなる前に早めに相談をしてほしいと思います。

皆さん、相談は直接窓口に行かなければいけないと思っているようですが、電話でも大丈夫です。東京に住んでいるのに、相談するためだけに、遠く離れた地域の包括に行くのは大変でしょう。最初は気軽に電話で相談してみてください。

――ケアマジャーの役割とは

親の介護が必要になったときに欠かせないのが、ケアマネジャーの存在です。

包括は、いわゆる最初の相談窓口で、その後、1人1人へ具体的なサポートが必要となったときにつながるのが、ケアマネジャー（介護支援専門員）です。

市町村に要介護認定の申請を出して、要支援1、要介護1などといった親の介護度が決まると、ケアマネジャーがつきます。ケアマネジャーは包括に所属している場合もあれば、地域の居宅介護支援事業所に所属している場合もあって、大体1人で30~35人ぐらいの要介護者を担当しています。

そして、本人や時にはその家族も同席して面談をし、介護保険を使って必要とするサービス、たとえばデイサービスであったり、通所リハビリであったり、ショートステイなどを受けられるように、ケアプランを作成してくれます。夫婦ともに介護計画が必要な場合は、同じ人が担当することが多くあります。

包括なのか、居宅介護支援事業所なのか、どこに所属しているかは把握していなくても構いません。要は誰かしら担当がついてくれて、いろいろ相談に乗ってもらえるんだな、と理解しておけばいいと思います。

つまり、私たちが親の介護で困ったことがあったときに、最初に相談するのがケアマネジャーさんなのです。**ケアマネジャーは介護に関わるすべての人をつなぎ、親に合った介護プランを提案してくれる、いわば司令塔のような存在**です。司令塔に情報が集まっていないと、たとえば本人が「デイサービスに行きたがらない」となったとき、なぜなのか、その原因を探ることができませんから、解決策も導き出せません。

そのためには、**困り事だけでなく、日々の親の様子や些細《ささい》な出来事なども普段から話しておく**と、何かあったときにより的確な提案をしてもらうことができます。いきなり何かをしてほしいとお願いするのではなく、サービスが必要になる前の段階からつながっておいて親の性格を知ってもらえると、実際にサービスが必要になったとき、いい選択ができると思います。「うちの親に合った、いい1日の過ごし方とは？」ということを共有できていて同じベクトルで動けると、なおいいと思います。

そうやって、しっかりコミュニケーションが取れていれば、緊急事態が起きたときにもケアマネジャーの力を借りて最善策を取ることができますし、私たちが仕事と介護を両立するためにも頼れる存在になってくれます。

では、ケアマネジャーといい関係を築くには、どうしたらいいのでしょうか。

介護を受ける本人だけでなく、介護をする子どもの側の話もなるべくしておきましょう。「今は仕事が忙しくて、なかなか親に会いに行けていない」「最近は、体の具合があまりよくなくて」など、自分の仕事の状況や体調のことなどを伝えておくと、介護にかかる負担も考えて対処してくれるはずです。また、何気ない日常のことを伝えておくと、ケアマネジャーにも私たちが信頼していることが伝わるので、より良好な関係を築けると思います。

ただし、先ほども書きましたが、ケアマネジャーが支援するのは、あくまでサービスを使う高齢者本人の自立であって、家族の不安やいざこざを解消するのは守備範囲ではありませんから、それは頭に入れておいてほしいと思います。

相談するときは、「母親がどうしてもデイサービスに行きたがらないんです。私たちにはお手上げだから、ケアマネさん、なんとかしてください」ではなく、「そろそろデイサービスに行ってほしいと思っているのですが、母の性格を考えると難しそうで……。こういうケースは、皆さん、どうしていらっしゃるんですか」と、こちらの気持ちに余裕がある段階で、対等な立場で話ができるといいですよね。そして相談した結果、いずれかのサービスを使ったほうがいいとなれば、ケアマネジャーの力を借りて、親に勧めればいいと思います。

また、自分が中心になって介護に関わっていない場合でも、ケアマネジャーとつながっておくと、何かあったときに対応しやすいでしょう。

たとえば、同居しながら母親の介護をしている妹さんがいる場合などは、妹さんから話を聞いて、ひそかにケアマネジャーにも伝えておくといいと思います。妹さんが介護で深い悩みや不安を抱えているなら、それを聞き出せるのは家族だけです。私たちスタッフにはなかなか打ち明けてくれません。それをケアマネジャーと共有できていれば、妹さんが介護疲れで倒れたりする前に対処することができるのです。

――「介護なんて必要ない」と親が不機嫌になる理由

親が病院に行きたがらない。介護認定を受けてくれない。デイサービスに行ってくれない。「なんとか説得して、連れて行ってくれないでしょうか」と包括の職員やケアマネジャーに頼ってくる家族が多いのですが、**私は親に病院や介護サービスを無理強いするのはいかがなものか**と思います。

そもそも、「どう説得しようか」と子どもが親に言うことを聞かせようとしている時点でおかしなこと。冷静に考えれば、介護される本人が過ごしたいように過ごすことが、いちばんの支援なはずですよね。それなのに本人の思いはそっちのけで、子どもが、やれ、「今日はここに行け」「明日はこれをしろ」「朝は早く起きろ」などと口うるさく言えば、親が不機嫌になるのも当然です。

たとえば、長年、黙々とろくろを回して生きてきたような芸術家肌の親が、デイサービスで、皆と一緒になって歌を歌いたがるでしょうか。定年まではなんとか会社勤務をやり過ごしたけれど、元来、人づきあいが苦手。定年でやっとそこから解放されたと思っている親が、通所リハビリに行くでしょうか。こういう方は訪問介護のほうが本人のためかもしれませんよね。

ちなみに、私が認知症の方のデイサービスで働いていたときには、こんなケースがありました。認知症の母親が、いくら誘ってもデイサービスに行こうとしないのだ、と。「私はそんな柄じゃないの」「今から知らない人ばかりのところへは行きたくない」と繰り返すばかり。認知症を患ってからいろいろなことが不安になって、人との関わりをいっさい持とうとしないのだと、娘さんから相談を受けました。

でも、よくよく話を聞いてみると、以前は自宅で編み物教室を開いていたと言うんです。ということは、人にものを教えることは好きなわけで、元から人との関わりが嫌いではなかったはず。それがわかったので、私はデイサービスにお誘いしてみようと思ったのです。

そこで一計を案じて、編み物の先生として来てもらおうと考えました。最初はその方の家に、「編み物を習いたいので、教えてください」と編み物の本と道具を持って訪れました。そうしたら嬉しそうに、その場ですぐ教えてくださったんです。これならお連れできるかもしれない。そう思ったので、「私と同じように、編み物を教わりたいという人がたくさんいるんですけれど、一緒に来て教えてくれませんか？　車も用意してあるので」とお誘いしたら、すんなりと乗車してくださいました。実際にデイサービスで皆に編み物を教えている姿は、とても楽しそうでした。

――デイサービスの車は「拉致車」!?

高齢者のなかにはいろいろな考え方の人がいて、ひと口に介護サービスに行きたがらないと言っても、理由は人それぞれです。もともと人づき合いが苦手な人もいれば、病気がきっかけで内向的になってしまった人もいます。

私が、本人の生活を考えたら、この方はデイサービスに行かないほうが幸せだろうなと思ったとしても、ご家族は無理やり連れて行ってくれと頼んできます。本人のためと言いながら、本人の意向などそっちのけ。家にいてもらうと仕事ができないから、息抜きしたいからと、家族の都合だけで強制的に行かせようとします。

本来、私たち介護職は、**「ご本人にとって、それはいいことなのだろうか」**とフラットに考えなければいけないのに、ともすれば「ご家族も大変だし」という日本人的な意識が働いて、ご家族ではなく、ご本人を説得してしまうことがあります。

でも、それはやはり違うと思うんです。かつてデイサービスの車を「拉致《らち》車だ」と言っていた利用者さんがいましたけれど、本人にしてみたら無理に追い出そうとしているのだから、そう見えて当たり前ですよね。

それは、デイサービスに限らず、施設に入る場合にも言えることです。

よく、子どもが「お母さん、もう施設に入るしかないよね」と説得しようとしますが、そもそも高齢者の何％の人が、入居したあとの生活を想像できているでしょうか。どうしたら、自分が穏やかでいられるかを考えているでしょうか。きっと入居したらどうなってしまうんだろうと、不安が大きいはずです。ですから、やはり親が納得しない限りは、子どもが無理強いすることはできないと考えます。ただ、これ以上自宅にいると、本人のためにも家族のためにもよくない。親子の関係が悪化することが明らかになっているのであれば、私も入居を勧めると思います。

以前、認知症に関するワークショップを開いたことがあります。

そのとき、「親が認知症になったら、どういうサポートをしますか」と質問すると、返ってきた答えの多くは、「外出させないようにする」「老人ホームに入ってもらえるよう説得する」「同居を検討する」でした。ところが、「自分が39歳で認知症になってしまったとしたら、どうケアしてほしいですか」と聞くと、「失敗を指摘しないでほしい」「今まで通り接してほしい」だったんです。

これは、介護する側、される側の立場の違いで、思いがすれ違っていることの証しなのではないでしょうか。**親に介護サービスを使ってほしいと思ったとき、施設に入居してほしいと思ったとき、親の意思を無視して、自分の思いや都合を押し付けていないか**を、子どもは冷静になって考えてみる必要があります。

親が困るまで「待つ」ことが大切

「そろそろ親に介護が必要かもしれないと思ったら、介護認定を受けてもらいましょう」

そんなふうに書かれている介護の本をよく見かけます。介護認定を受けてもらって、要支援1や2などの認定が下りたら、介護サービスを利用することができるのですが、そもそも認定を受けるのを嫌がる親も多くいます。

そういう親をその気にさせるには、どうしたらいいでしょうか。

実は、とっておきの方法があります。それは、**家族が説得しないこと**。そして、**何もしないで、本人が困るまで「待つ」こと**です。

本人が認定を受けたくないと言うのは、デイサービスもホームヘルパーも、今は必要だと感じていないからです。それなら、本人が必要だと思うまで待ったらいいのではないでしょうか。本当に困れば本人から言ってくるでしょうから、先回りせず、ゆっくり、のんびり、期待しないで待ちましょう。それまでは、「介護認定を受けると、こんなサービスがあるみたいだよ」と、情報発信に徹していればいいと思います。

こんなケースがよくあります。認知症の傾向が出はじめた1人暮らしの母親から、娘のところに「不安で不安でしょうがない」「話を聞いてほしい」と毎日のように電話がかかってきます。でも、娘が「そんなに寂しいなら、デイサービスに行ったら？」と言っても、「お金がもったいない」「今からそんな新しいことはしたくない」と、なんだかんだと理由をつけて、なかなか行こうとしません。どういうことかと言うと、お母さんは、ただ自分の不安を伝えたいだけなんです。

こういうときは、説得して、無理やりデイサービスに連れて行こうとせず、あえて電話に出る回数を減らしてみるのも1つの方法です。電話に出てもらえないと、母親の寂しさと不安がだんだん募ってくるので、そのタイミングでデイサービスなどに誘うと、うまくいく可能性が高くなると思います。

もし、デイサービスという言葉に拒否反応があるようなら、たとえば先ほどの編み物を教えていた方のケースのように、「今、お年寄りの話し相手になってくれるボランティアさんを探しているらしいんだけれど、お母さん、行ってみない？」と誘ってみるのもいいと思います。そして、「デイサービスに行くのを嫌がっていますけれど、本来、母は寂しがり屋で、とにかく人と話すのが好きなんです。よろしくお願いします」とケアマネジャーに申し送りをしておくことです。

――子どもが先回りするのは逆効果

母親が毎日のように電話をかけてくるようになったとき、**娘さんがいちばんやってはいけないのは、「これ以上、寂しい思いをさせるわけにはいかない」と、会社に頼んでテレ**

ワークに切り替えて、同居してしまうことです。そうすると、お母さんの不安は娘さんがそばにいることで解消されてしまうので、デイサービスもヘルパーも必要がなくなってしまうのです。

　でも、娘さんのほうはと言えば、介護の専門職でもないのに、自分の生活を犠牲にして、毎日のように母親の不安解消につき合っているわけです。これはとても危ない。仕事に集中できずイライラして母親に当たってしまい、そのことでまた自己嫌悪に陥るという、最悪な負のループに陥ってしまうわけです。

　認知症を発症すると、時にスーパーに行っては同じものを何度も買ってくるという傾向が出ることがあります。その結果、賞味期限切れの食品が、棚や冷蔵庫にあふれ返ることになります。認知症に限らず、整然と暮らすことができなくなるというのも、老いの現実なのです。

　しかし、こうした場合でも、**子どもが先回りして片づけたりせず、困り事になるまで待つといい**と思います。子どもが頻繁に帰って、賞味期限切れの食品を捨てたり、きれいに片づけたりしてしまうと、親が食品であふれ返った冷蔵庫を前に、途方に暮れることもありません。そうするとヘルパーさんも必要がなくなってしまいます。

本人が行きたいとか、助けてくれと言う前に、子どもが無理やりやらせようとするから怒るんです。「困ったら、本人から言い出すんじゃない？」くらいの気持ちで見守ることが、介護サービスを入れやすくする秘訣です。

――家族介護と同じレベルを、介護サービスに求めていないか

「介護保険で使えるサービスが足りない」

家族からの相談を受けていると、そうした声をよく耳にします。私自身が介護職として、ご高齢の方とやりとりしていたときでも、ご本人ではなく、ご家族が「足りない」と言ってくるケースが多々ありました。

でも、ご本人ではなくご家族が言っている時点で、おかしくないでしょうか。そもそも、利用者である高齢者本人は、「足りない」と感じているのでしょうか。私は、**本人ではなくご家族が、自分たちの不安を解消したい、もしくは期待したサービスを利用できない状態を指して、「足りない」と言っている**ように感じます。

「足りない」と感じてしまうのは、すでに家族が手取り足取り介護をしていて、それと同

じことを介護保険のサービスで代替してもらおうとするからではないかと思います。年をとれば、少しずつ体の機能が低下し、できないことが増えていくのは自然なのに、親が支障なく生活できていたときと同じような安心、安全を求めているからではないでしょうか。

「2025年には5人に1人が75歳以上という超高齢社会になり、『介護難民』が増加するのではないか。介護が必要になっても、サービスを受けられない人が出てくるのではないか。ケアマネジャーなど人手も足りなくなるのではないか」とマスコミでも報じられています。そういう記事を目にすれば、「この先、自分の親に介護が必要になったときには、どうなるの？」と不安に思ってしまうのは無理もないことです。

ただ、いくら不安になったところで、サービスの量が一朝一夕で増えるわけではありません。根本的には変わらないのだとしたら、私は、まず**その手前にある家族の考え方を変える必要がある**と考えています。

――いくらかけたら「いい介護」ができるのか

老後の資金にはいくら必要だ、これくらいないと大変だ、などという記事や広告をよく見かけます。それを見ると、親に「いい介護」を受けてもらうには、「お金がたくさん必要なんだ」と不安になるかもしれません。

でも、お金があれば「いい介護」が受けられるかと言えば、決してそんなことはありません。資本主義社会ですから、親を高級老人ホームに入れることが親孝行だというマーケティングをしている人たちがいるだけで、断じてそんなことはないのです。

たしかに、お金があれば介護サービスをたくさん利用することができるでしょう。でも、**たくさんサービスを使うことが親にとってプラスになるかと言えば、必ずしもそうとは限りません。**場合によっては、**自分の力で十分できていることを、サービスに頼ったばかりに、できなくさせてしまうことだってある**のです。

介護が必要な人が、自分自身の意思で、自分のお金を使って、たくさんのサービスを利用するのなら話は別です。自立の妨げになろうが、本人の自由ですから。

でも、往々にして、家族が親のお金の管理をしてたくさんのサービスを利用させているケースが多いのです。家族が親のためと思っているお金をかけた介護が、親のためになっていないのです。

父親を、入居金が何千万円もするような高級老人ホームに入居させると、まわりからは

「親にそこまでお金をかけられるのは、本当に孝行息子だね」と称賛されるかもしれません。お父さん本人があまり乗り気でなかったとしても、息子さんは「こんなホテルみたいな施設なんだから、しばらく暮らしてみれば、きっと気に入るはず」と思うかもしれません。

でも、お父さんの「生きがい」が庭いじりだったとしたら、どうでしょう。毎朝、庭の草花に水やりをし、成長を楽しみに世話をしていたのだとしたら、高級老人ホームに入ったことで、その「生きがい」を取り上げられたことになってしまいます。「生きがい」を奪われたうえ、水やりも草むしりもできないですから、体を動かすこともなくなってしまい、体の機能はどんどん低下していきます。これが本当にお父さんのためになっているのでしょうか。

このように、何千万円もかけていながら、気づかないうちに親の自立を妨げたり、監視、管理につながってしまっていることは少なくありません。**結局、親のためと言いつつ、子どもが安心したいがために、お金をかけてたくさんのサービスを受けさせたり、いい施設に入れようとしているだけ**なのだと思います。

人間は誰でも年をとります。老後は、その老いていく不安とのつき合い方が大切で、

「これさえあれば、自分は幸せでいられる」というものが見つかりさえすれば、その不安ともうまくつき合っていけます。そして、**不安と共存していく方法さえわかれば、不安をお金で埋める必要はないですから、たくさんのお金なんて必要ない**んです。高齢者の方のなかには、何千万円もタンス預金があるのに、老後が不安だからと、90歳なのに一銭も使わないような人もいます。でも、老後の不安はお金じゃ埋まりません。

　そういうことを親の介護を通して知っておけば、自分がその親の立場になったとき、老いていく不安とも、うまくつき合っていけると思うんです。それこそが介護の醍醐味だと思うのですが、それをお金で解決しようとしてしまうと、自分の生き方を考えるせっかくのチャンスを失ってしまいます。

　たくさんお金をかけることは、決して親孝行などではありません。介護に限らず、社会そのものが「お金があればなんとかなる」という感覚に毒されていますけれど、実際、なんともならないですから。無理して借金をしてまで親を高級老人ホームに入れるなんて、本当にもったいないお金の使い方だと思います。

――「家族だから」と無理をしすぎない

親が骨折して、入院。後遺症が残っても、治療が終われば、病院は無慈悲にも退院先を尋ねてきます。いわく、「そろそろ退院なので、自宅で見るのか、施設に入るのかを決めてください。施設であれば、入居先を探しておいてください」。そう言われて、家で見るのは無理そうだと判断して慌てて施設を探したけれど、なかなか見つからなくて本当に困った――そんな家族の声をよく聞きます。

「探してください」と言われれば、子どもは「家族なんだから、なんとしてでも探さなきゃ。親が路頭に迷ってしまう」と自ら動こうとします。仕事が忙しくても、休暇を取って、施設の資料を取り寄せたり、見学に行ったりします。でも、そもそも一度見学したくらいで、どこがいいかなんてわかりませんよね。しかも、見学して気に入ったとしても、空きがなければ入居できません。

これは私の意見ですが、忙しくて探すのが難しそうだったら、「仕事が忙しくて探せません。どうしたらいいですか？」と病院のソーシャルワーカーやケアマネジャーに言ってもいいと思います。でも、**日本人は特有の家族意識から、自分の親のことを人任せにすることに、良心の呵責《かしゃく》を感じてしまう**んですね。ですから、なんとかしようと必死で探すのですが、もしかしたら「探してください」なんて言っていなかったのに、そう聞こえてしまったのかもしれませんよ。

どうしても家族が探さなければいけないのだとしたら、身寄りのない高齢者の方はどうするのでしょう？　自分の足で探すことなんてできませんから、なんのサービスも受けられなくて、路頭に迷ってしまうことになります。

冷静に考えれば、施設に入居するのは医療保険や介護保険に入っている親であって、家族ではありませんから、「できません」と言う権利はあるはずです。実際、ケアマネジャーは研修のなかで、家族の介護力に期待してはいけないと習います。三世代同居の家庭などまれな時代ですから。子どもが自分の生活を犠牲にしてまで代替する必要は、本来はないはずなんです。

介護施設にも民間、公立合わせて8種類もあって、介護度や認知症か否かによって、使える施設も変わってきます。特別養護老人ホームと介護老人保健施設がどう違うのかもよくわかっていないのに、日本人は「親の面倒は家族が見るもの」と思っているから、一生懸命に勉強して探そうとしてしまうのです。

でも、忙しくて無理なら、もっと人に頼ってもいいのではないでしょうか？　施設探しに限らず、できないものは「できません」と言っていいと思います。

たとえば、東京に住んでいる息子のところに、九州に住んでいる父親が緊急搬送されて、「すぐ来てください」と病院から電話があったとします。でも、それがこれからの自分のキャリアを左右するようなプレゼンの5分前だったとしたら、どうしますか？「今すぐ来てください」と言われても無理ですよね。でも、「無理です」と言ってはいけない雰囲気が、今の日本にはあるかもしれません。

私はこういうとき、もっと冷静さがあってもいいと思うんです。お金を払って、サービスを利用しているのは患者側で、医者はお金をもらってサービスを提供する側です。「それはできません」と拒否してもいいんじゃないでしょうか。「家族が行ったほうがいいですよね。でも、今、どうしても抜けられない仕事があって、すぐ駆けつけるのは無理そうなんですが、どうしましょうか？」と、言ってもいいと思うのです。

それなのに、多くの日本人は、家族のこととなると、自分が調整することを優先して、「すぐ駆けつけます」となってしまう。私は、そういう考え方はそろそろ終わりにしてもいいんじゃないかと思います。

コミュケーション能力を発揮しつつ、親の介護でも、できないことは「できません」と伝えていいのではないでしょうか。そうやって**介護する自分たちの生活も守っていくことが、介護生活における共倒れを防ぐことにもつながります。**

第4章

親の介護の「やってはいけない」

「家族介護の壁」を乗り越えるヒント

――「介護問題」ではなく「家族問題」を解決する

親に、いつ、どんな介護サービスが必要になるのか。それがいつまで続くのかは、予想がつきません。そもそも介護が必要になるのか、認知症になるのかどうかもわからない。**介護そのものの問題は親の老化や寿命に関わってくるので、私たちが解決しようと思ってできるものではない**のです。

でも、**介護に関わる家族の問題は、自分たち次第でいくらでも変えること、よくすることができます。**そして、虐待や共依存、ヤングケアラー問題など、社会問題になっている多くが、実は介護そのものではなく、家族の問題なのです。前にも述べたように、介護離職も紐解いていけば、家族の問題に突き当たります。

では、親に介護が必要になったとき、家族の問題で疲弊しないために、子どもはどう関わり、きょうだいとはどうコミュニケーションを取っていけばいいのでしょうか。仕事、あるいは育児と、どう両立していけばいいのでしょうか。

この章では、私が今まで親の介護に関わる家族から受けてきた、さまざまな相談をもとに、典型的な介護のケースを紹介していきます。

どうしたら、親にとっても、家族にとっても、穏やかで持続性のある介護ができるのか。介護のプロの手を借りて、家族と上手にコミュニケーションを取りながら、親の介護を乗り越えていくヒントをお伝えできればと思います。

事例❶　遠距離介護

Aさん（女性）は40歳半ばで、兄と妹がいる3人兄妹。70代後半の母親とは離れて暮らしています。そして、実家のそばに家を建てて家族で暮らしている兄が、1人暮らしの母を時折見てくれていました。その母親が最近、認知症だと診断されました。

心配になって、兄に電話で様子を尋ねると、「今のところ、自分がときどき様子を見ている。十分やれているから大丈夫」との返事。すっかり安心していたところ、夏休みに実家に帰省してみてびっくり。家のなかが荒れ放題で、兄が時折、母親を怒鳴っているではないですか。

「聞いていたのと違うけど、大丈夫なの？」と兄に尋ねると、「子どもたちも大きくなって手を離れたので、これからは自分が同居して面倒を見ようかと思っている」と言ってきました。このまま、兄に任せておいて大丈夫なのでしょうか。

「お兄さんが同居してくれるって言うなら安心だわ。任せましょう」と、賛成してしまうと大変なことになりますから、絶対にやめてください。第1章でも記しましたが、介護の関係性のなかでもっとも衝突が多いのが、息子が実母を介護するケースです。これは統計的に数字が出ているので、はっきりしています。もっと言えば、虐待の加害者も、圧倒的に男性が多いんです。ですから、お兄さんが同居などしてしまったら、虐待に至らないとも限りません。

また、「もっとこうしたほうがいいんじゃないの?」「もうちょっと、お母さんに優しくしたら?」などと、お兄さんに意見を言うのもトラブルのもと。「おまえたちは遠くにいて何もしていないくせに、何言ってるんだ!」と、お兄さんの怒りを買う可能性もあるのでやめておきましょう。

この段階でAさんが真っ先にやらなければいけないことは、**お兄さんの愚痴を聞いてあ**

げながら、現状を把握して、それを包括に伝えることです。「近くに住んでいる兄が、認知症の母を繰り返し怒鳴っています。時にはちょっと手が出ちゃうこともあるようです」という状況を伝えてください。お兄さんがすでに虐待に近い対応をしてしまっている場合でも同じです。

その際、「あの、こういうことになっているんですけれど、家族の私たちはどうしたらいいですか?」という聞き方をしてしまうと、「こちらでなんとかします」という形になってしまうので、「こういうことになっています」と、現状を伝えるだけでいいです。

救急車を呼ぶときに、「こういう状態ですけれど、私はどうしたらいいですか?」とは聞かないで、「大変です。とにかく来てください」と言いますよね。それと同じです。包括は、地域の高齢者の虐待相談の窓口でもあるので、そういう情報を受けたら、しかるべき対応を取ってくれるはずです。

お兄さんがお母さんを心配する気持ちは大事ですけれど、介護に暴走して追い込まれていくと、お母さんに対してだけでなく、Aさんたちにも「なんで俺ばっかりやって、おまえたちは何もしないんだ」と当たり散らすようになります。仕事を辞めて介護した場合、「申し訳ないけれど、介護の費用を工面してくれないか」という金銭要求につながることもあります。もしくは、「俺がこれだけ介護しているんだから、親の財産は全部、俺に相続させてほしい」といった相続問題に発展する可能性だってあります。そうやって、家族の関係がどんどん壊れていってしまいます。

——親の物忘れに気づいた時点で「包括」に連絡を

では、どうすればよかったのでしょうか。このケースで言えば、**お母さんに物忘れの症状が出た時点で、兄妹でコンセンサスを取って、包括に連絡すべき**でした。ないしは、まだ元気なうちに一度電話をして、「1人暮らしをしている母が高齢になってきたんですが、認知症になった場合、この地域ではどんなサポートをしているんでしょうか？」と聞くことができていれば、状況はだいぶ変わっていたと思います。

まず、お兄さんが頻繁に実家に通って、お母さんの面倒を見なくちゃいけないような状況にはならなかったでしょう。**お兄さんが頑張って面倒を見れば見るほど、お母さんはヘルパーやデイサービスといった介護サービスを受け入れてくれなくなります。**なぜなら、お兄さんが全部やってくれるので困らないからです。でも、事前に包括に相談していれば、

「お母さんには申し訳ないけれど、お兄さんが手伝わないことで、１人では無理だとわかってもらって、外部のサポートを入れやすくしましょう」という対処ができたはずです。

そして、離れている側のAさんたちは、お兄さんから飛んでくる愚痴を、なるべく聞いてあげてください。

実は、妹さんたちに愚痴を聞いてもらうだけで、お兄さんの気持ちは相当やわらぎます。なぜかと言えば、お兄さんは介護の話を誰にもできないからです。会社の上司や同僚はもちろん、自分の友だちや家族にさえ、できないでいるかもしれません。自分の母親の情けない姿を人に言うことになると思えば、なかなか口にできませんよね。でも、兄妹ならその心的ハードルが少し下がるので、気持ちを吐露《とろ》しやすいのです。

LINEグループなどを作って、そこでお兄さんが自由に発言できる状態にしておくことが、Aさんの大事な役割です。そして、そこで把握した内容を、こっそり包括に知らせておくことができれば、お兄さんが１人で介護を抱え込んで、お母さんと衝突することも防げるのではないかと思います。

事例❷　介護離職

Bさん（男性）の姉は看護師です。母に先立たれて1人暮らしをしていた父が、脳梗塞で倒れて入院。リハビリをして家に戻ってからの面倒を、姉がときどき実家に立ち寄って見ていました。職業柄、介護には詳しいだろうし、姉自身も「私が看護師になれたのも両親のおかげだし、こういうときこそ力になりたい。恩返しをしたい」と、かいがいしく父の世話をしていたので、安心して任せていました。

ところが、そんな2人の関係に暗雲が！　父は散歩に行ったり、買い物をしたり、ご飯を作ったり、自分でできることはなるべくやろうとするのですが、姉はそうするとかえって手間がかかるし、転んでも困るのでやめさせてしまうのです。それでケンカが絶えなくなりました。結局、姉は「もう、目が離せないから」と病院を辞めてしまいました。このまま姉に任せておいていいのでしょうか？

まず、かろうじてよかったのは、お姉さんがお父さんと同居しなかったことです。

お姉さんが「お父さんが散歩したくて、自分で買い物に行きたいのならしょうがないね」という温かい気持ちで親の老いを受け止めることができていればいいんですが、常に近くで見ていながらそれを見守るというのは、看護師といえども難しいものです。ですから、同居までいかなくて本当によかった。お姉さんは実家に立ち寄る回数を減らし、「お父さんのやりたいようさせてあげよう」と思えればいいのかなと思います。

一方で、病院を辞めてしまったことは非常に残念です。せめて姉弟の間だけでも、「専門職でも、自分の親の介護は難しいらしいよ」という情報を共有できていたらよかったのですが……。そうすれば、お姉さんはプロの手を借りて、仕事を辞めずに介護できたと思います。

――看護師だからこそ、家族の介護をしてはいけない

看護師だからといって、いえ、むしろ看護師だからこそ、家族の介護はやるべきではありませんでした。

第1章でも触れましたが、私たち介護の専門職は、「自分の親の介護はしてはいけない」

と教えられます。いくら専門職としての知識や技術、経験があったとしても、自分の親の介護となると、1人の人間になってしまうからです。うまく立ち回れないどころか、「他人にはあんなに優しく接することができるのに、自分の親にはなぜ、こうもつらく当たってしまうんだろう。うまくやれないんだろう」と二度苦しむんですよ。

ですから、看護師だからといって、その人に任せきり、頼り切りになるというのは、非常にリスクが高いんです。Bさん自身、「お姉ちゃんは看護師なんだから、お父さんの面倒、見てくれるよね？」と期待していませんでしたか？

私たちのような介護職や医者、看護師などは、家族はもとより、親戚からも「介護が任せられる人」と、期待されてしまいます。第2章でも少しお話ししましたが、医療事務のスタッフすら、病院に勤めているというだけで期待されますから。そういう周囲のプレッシャーに負けて、やってしまうんです。実際にやっているから、「自分が率先してやらなきゃ」ってスイッチが入りやすいのも、また専門職の人たちなんです。

そういう期待をうまくかわせるマインドを、お姉さんも持てればよかったのかなぁと思います。

「1日、患者さんのサポートをして、家に帰ってきてまで、そんな仕事をやりたくないわよ」「仕事が好きで続けたいから、さすがに親の介護までは無理」といった会話がBさんとお姉さんの間でできていたら全然違ったと思いますし、お父さんとお姉さんの仲が険悪になるのも防ぐことができたと思います。

お姉さんは、まさに今、社会問題になっている介護離職です。

特に**看護師などは資格があって、いつでも復職できるという思いがあるから辞めてしまいやすい**んです。実際、私のところにも、介護事業所の所長さんなどからよく相談があります。「うちの従業者が介護離職しそうなんですが、どうしたらいいでしょうか」と。

これから高齢者がどんどん増えていくというのに、優秀な看護師や介護のプロが、家族の介護のために辞めてしまうのは、大変もったいないことです。お父さんのためにも、社会のためにも、お姉さんにはぜひ、仕事を再開していただけることを願っています。

事例❸　ダブルケア

40代後半のCさん（男性）には、遠くで暮らす70代後半の父母と、その近くで暮らす妹がいます。その妹が最近、出産のために里帰りすると、母が父の介護で大変なことになっていました。もともと父は家のことはいっさいやらず、母に頼りっきり。父がパーキンソン病を患ってからも、母が1人で面倒を見ていました。それでも、子どもたちには「面倒を見るのが大変だ」とか「助けてほしい」とは言ってきませんでした。

だから気づかなかったのですが、実際は父親の病状は悪化していて、年老いた母1人ではとても無理な状態でした。結局、今は妹が仕事をしながら、生まれたばかりの子どもを抱えて、母親の手伝いに週3、4日通っています。

その妹から、毎日のように怒りのLINEが飛んできます。「お兄ちゃんはいいよね。仕事さえしていればいいんだから」「私ばっかり、なんでこんな大変なことをやらされなきゃいけないの⁉」と。妹の気持ちは痛いほどわかるのですが、会社でもそれなりの仕事を任せられているし、自分の子どももまだ小さくて手がかかります。遠く離れているから、そんなに頻繁には帰れないし、どうしたらいいでしょうか。

長年、お父さんを甘やかしてきたお母さんが、介護を抱え込んで疲弊するであろうことは、Cさんや妹さんにも十分に予想できたと思います。ですから、お母さんを助けるために、**実家に頻繁に通うのではなく、ご兄妹のどちらかが事前に包括に連絡して、「母が父の介護で疲弊しているのに、誰にも相談せず抱え込んでいます」と伝えておくとよかった**と思います。

そうすると、包括の職員がご実家を訪れて、「何か日常生活でお困り事はありませんか?」と聞きに行くでしょう。お母さんはおそらく「大丈夫です」と言うと思いますが、そういうとき、職員は話半分に聞いておいて、お母さんの身なりや家のにおいを確認するんですね。そして、何度か訪問して、1人で介護するのがかなり厳しくなったと判断したら、「お母さん、もう、これは施設にお願いしたほうがいいんじゃないですか？　介護サービスを使ったほうがいいんじゃないですか?」と説得するという流れです。

お父さんとお母さんのそれまでの関係性を考えると、お母さんは自分からは包括に連絡しないと思います。おそらく自分が倒れるまで、ＳＯＳは出さないでしょう。前にも触れましたが、家族が老々介護の状態であっても、ご本人なり、ご家族が連絡しない限り、包括には知らされません。

北海道・夕張郡《ゆうばりぐん》にある栗山町《くりやまちょう》のように、ある一定の年齢層になったら、すべての高齢世帯の家を訪問するという素晴らしい仕組みを持っている地域もありますが、これはあくまでも先進的な事例であって、一般的にはこちらから報告しない限り、包括やケアマネジャーさんとつながることはできません。電話でもいいので、ご家族が一度連絡することが、何より重要になってきます。

話を戻しますが、**このケースは、そもそもお父さんとお母さんの夫婦関係の問題なので、それに妹さんが巻き込まれなくてもいいのではないでしょうか。**Cさんは包括に現状を連絡して、妹さんにはお母さんを助けるよりも、自分の子育てを優先するよう伝えてください。

――子育てと介護が重なったら、どちらを優先すべきか

親の寿命が延び、子の晩婚化が進んだことで、**親の介護と子育てが同時に降りかかる「ダブルケア」**が問題になっていて、こうした相談も数多く寄せられています。内閣府の就業構造基本調査によると、約25万人が「ダブルケア」当事者であり、そのうちの9割が仕事を持つ働き盛りの世代となっています。

子育てに介護、それに加えて仕事もしなければならないとなれば、その大変さは想像を絶するものでしょう。子どもの保育園への送り迎えに、デイサービスの準備や食事の介助、通常の洗濯や掃除などの家事……。これだけでも目の回るような忙しさのはずなのに、そのうえ会社の仕事です。これを1人で回し続けることは、無謀以外の何物でもありません。しかも、子どもが熱を出した、お母さんが転んだなど、育児や介護には予定外の出来事はつきものです。目の前のことに対応していくのに精いっぱいで、ほかのことを考える余裕もなくなります。

しかも、こういう状態に陥りやすい人は、真面目で責任感が強く、頑張ることにやりがいを感じてしまうことが多く、文句や愚痴ではすまされない状況なのに、その大変さを人にもなかなかこぼしません。肉体的にも精神的にも追い込まれたギリギリの状態で日々奔走し、突然倒れてしまったりするのです。でも、お母さんが倒れたら、小さな子どもの面倒は誰が見るのでしょうか。事例❻で詳しく書きますが、子どもがヤングケアラーになってしまう可能性だってあるのです。

ですから、**このダブルケアになったときは、絶対に子育てを優先してください。**これは絶対です。なぜかと言うと、親が子どもと直接関わるなかで、自己肯定感が育まれたり信頼関係が築けたりするからです。そのプロセスこそ、お父さん、お母さんにしかできない大切な役割と言えるのではないでしょうか。

でも、**親の介護においては、直接関わることが、必ずしもいい結果を生むわけではない**のです。むしろ、せっかく今までほどよい距離感でつき合っていたことでいい親子関係が築けていたのに、介護となって距離を縮めたがために、その関係が崩れることはよくあります。関係がよりよくなることは、まずないと思ってください。

育児と介護は、「サポートが必要な家族」という意味では、同じように思えてしまいます。ですから、親を介護をしないことで、「子どもばっかり優先して、自分を育ててくれた親を放っておくなんて、なんてダメな人間なんだろう」と自分を責めてしまう人もいるのですが、そんなふうに考える必要はまったくありません。「親のショートステイの送り迎えがあるので、子どもの運動会に行けないんです」という人もいますけれど、「たかが運動会」ではないんですよ。お子さんにとっては、親御さんに見守っていてほしい大事なイベントです。そこは何の遠慮もなく、運動会に行くことを選択してください。

事例❹　きょうだい不仲

50代のDさん（女性）は2人姉妹。実家を出て、都心で仕事をしています。一方の姉は結婚後、実家の土地に家を建てて、80代の母親と同居しています。

しかし、もともと母と姉はそんなにいい関係ではありませんでした。元気だった頃も、姉から母に対する愚痴をさんざん聞かされていましたが、80代の母が認知症になってからというもの、その関係が悪化の一途を辿っています。月に1回、母の介護のために帰省しているのですが、介護そのものよりも、姉の愚痴の多さや当たりのきつさが大きなストレスになってしまい、憂鬱です。かといって、母の様子も気になるので、まったく帰省しないわけにもいきません。姉とどう関わったらいいのでしょうか。

今、妹さんができることは、**お姉さんが言っていることを聞き流せるくらいの余裕を持って愚痴を聞き、なるべくお母さんとお姉さんの諍いに巻き込まれないようにする**ことです。ＬＩＮＥやメールなどで連絡を取るようにして、直接お姉さんと顔を合わせないほうが冷静になれていいかもしれません。

そして、「認知症の母と、介護をしている姉の仲が険悪になっているので、よろしくお願いします」と、お姉さんに内緒で包括に連絡してください。これを繰り返せば十分かなと思います。お姉さんを直接手伝う必要はまったくありません。

このケースで、いちばん考えなきゃいけないのは、**お母さんにとっていい介護とは何か、**ですよね。ところが、こういう姉妹仲がうまくいっていない場合は、往々にして相手の顔色ばかりをうかがって、そのいちばん大事な部分が抜け落ちてしまいがちです。

お母さんのためにはどうしたらいいかを考えれば、自然に包括に辿り着くはずです。それなのに、気づけばお母さんの状態などそっちのけで、「どっちが頑張ったか競争」になってしまうのです。お母さんのために、自分たちがどれだけ犠牲を払ったかを競争するなんて、実に不毛ですよね。

あるいは、お姉さんの顔色をうかがって面目を立てようとしたり、ご機嫌を取ったり、金銭的な援助をしたりしようとします。でも、こうなってしまったら、Dさんが何をやってもお姉さんはケチをつけてきますから、打つ手はありません。お姉さんの顔色をうかがいながら面倒を見ても、お母さんにとっていい介護にはなりません。

そもそもお姉さんのイライラの原因は、お姉さんとお母さんの関係に問題があるのであって、妹さんのせいではないのではないでしょうか。

――介護の負担は平等にはならないもの

人間関係というのは、どっちかが良くてどっちかが悪いのではなく、相互に影響し合っています。たとえば、お母さんが「あなたはお姉ちゃんなんだから、もっとちゃんとしなきゃダメでしょ」とお姉さんを厳しく育てた場合、介護のような場面になってそのパワーバランスが逆転すると、お姉さんもお母さんに同じことをしてしまうんです。「厳しさ」のもとに関係性が成り立ってしまっているので、お母さんとお姉さんの間で「厳しさ」のキャッチボールがなされてしまう。

お母さんとお姉さんの仲がよくないのは、2人の問題ですよね。ですから、妹さんがその責任を取る必要はまったくないわけです。また、お姉さんから妹さんへの当たりの強さは、単なる八つ当たりであり、とばっちりでしかありません。

本当なら、お母さんが認知症になる前に、「同居していたとしても、面倒を見すぎると、むしろデイサービスに行くまでに手間取ることになるから、あまり世話を焼きすぎないほうがいいらしいよ」「意識的に距離を取ったほうがいいんだって」というような話が姉妹の間でできていたらよかったですよね。そうすれば、たとえお母さんとお姉さんの仲がギスギスしていたとしても、妹さんへの当たりの強さは緩和されていたかもしれませんね。

かつて、親の介護の多くは、同居していた長男のお嫁さんが担っていました。でも、現在では核家族化が進み、女性も仕事を持っていることが多くなりましたから、そうもいきません。ですから、親に介護が必要になったとき、きょうだいの誰が介護するのかが大きな問題になってしまうのです。ここでの話し合いがうまくいかなかったことから、先々のトラブルへと発展していく可能性もあります。介護というのは急にはじまることが多いため、Dさんのお姉さんのように、なし崩し的にとりあえず近くに住んでいる人が引き受けることが少なくありません。

そもそも介護の負担は、仮にきょうだいで役割分担をきっちり決めていたとしても、完全に平等というわけにはいきません。それぞれの事情があるなかで、「私だけが大変な思いをしている」という苦しさから、Dさんのお姉さんのように、きょうだいに八つ当たりしたり、金銭を要求したり、さらには面倒を見ている親にまで当たってしまうこともあるようです。

事例❺　義父母の介護

Eさん（女性）は長男の嫁で、別に暮らす義理の両親が要介護状態にあります。義父母は、長男である夫に「ああしてほしい。こうしてほしい」と際限なく要求をしてきます。夫自身もなるべくその思いに応えよう、特に母親の要求にはかなり応えようとしていて、仕事を休んで介護に行くこともしばしばです。

そのため、実家から帰ってくると不機嫌で、相当疲れている様子。見かねたEさんが、「地域の相談窓口があるみたいだから、相談してみたら」と言っても、「俺がやっているから大丈夫」と聞く耳を持ちません。両親の介護を1人で抱えて疲弊している夫に、どんなアドバイスをしたらいいでしょうか。

Eさんは**一刻も早く、その状態を包括に〝密告〟してください。**あとからご主人に何か言われそうなら、「私から連絡があったとは言わないでください」と、ひと言付け加えてもいいかもしれません。

本来は、ご主人がご両親の介護に関わる前に、「本で読んだけど、息子が母を直接介護すると、衝突が多くなるみたいよ」と話ができていればよかったのですが、ここまできてしまっていたら、ご主人は何を言っても、もはや聞く耳を持ちません。特に、実家をすごく大切にしている、しかも母親のことを大事に思っている長男なので、なおのこと聞きません。Eさんがアドバイスをしても、「人のことは知らん。直接介護していないやつに何がわかるんだ」と、意固地になってしまうのが関の山です。そして、こういう人の多くは自分から包括に相談しようとは決してしませんから、Eさんがこっそり報告するしかないのです。

この状態を放っておくと、ご主人が先に倒れますよ。その結果、Eさんに夫と義父母の3人の介護のお鉢が回ってくる、という大変なことになってしまいます。熱中しているご主人のそばで冷静でいられるEさんが、今のうちにその立場を大切にして、上手に立ち回っていただくといいのかなと思います。

いちばんよくないのは、Eさんが「自分も主人のフォローをしよう」と、夫のサポート

をしてしまうことです。夫の代わりに義父母の家に入って介護の手伝いをすると、外のサポートを入れるチャンスをどんどん失ってしまいます。子育てにだって手が回らなくなるし、最悪、夫婦で共倒れしてしまいます。子どもがいれば、後述するヤングケアラーにしてしまう可能性だってあり得ます。

もしかしたら、義理の弟や妹がいて「長男の嫁なんだから、なんとかしてよ」と言ってくるかもしれませんが、それには動じないようにしましょう。「そんなに介護したかったら、あなたたちがやったらいいいんじゃないですか?」くらいの気持ちで、包括に〝密告〟するのが最善の策です。

〝密告〟があると、「ご高齢のご家族がいらっしゃいますが、お困り事はないですか」と訪問すると思います。包括は「息子が母親の介護に熱中している」と聞いた瞬間、虐待を疑いますから。実際に虐待にまで至っていなかったとしても、そういう覚悟のもと、支援に入ってくれると思います。

事例❻　ヤングケアラー

40代のFさん（男性）は、妻と3人の子ども（高校生、中学生、小学生）と社宅で暮らしています。その社宅を出なければならなくなったので、これを機に家を建てて、田舎で1人暮らしをしている母を呼び寄せようかと考えています。母にその話をすると、「私はこのまま田舎で暮らしたい」と乗り気ではありません。

でも、最近、電話でも同じことを繰り返し話すようになってきて、認知症の心配もあるし、膝も痛くなってきたようなので、なんとか説得して呼び寄せようと考えているのですが、無理強いはしないほうがいいでしょうか。

ヤングケアラーを生む危険性があるので、**お母さんを呼び寄せるのは絶対にやめてください。**そもそもお母さん、今の段階でなんの介護もいらないですよね。1人で暮らしていて、何も困っていませんよね。しかも、本人は田舎に残りたがっているのですから、同居を考えるのはやめましょう。

ヤングケアラーとは、ケアを必要とする家族がいた場合に、「家族の介護その他の日常生活上の世話を過度に行っていると認められる子ども・若者」のことをいいます。介護でいえば、祖父母のケアを孫が引き受けてしまっているようなケースです。文部科学省と厚生労働省が連携して行った調査では、2022年の段階で、ヤングケアラーと思われる子どもがいる中学校は46・6%、高校（全日制）は49・8%にも上りました。ちなみに、18歳から30代までの同じような子どもを若者ケアラーと呼んでいます。

どちらも社会問題になっていて、メディアでも頻繁に取り上げられていますが、その映像を見ても、「ああ、あんなかわいそうな子どもがいるんだな」くらいにしか思わない人がほとんどではないでしょうか。あくまで他人事。まさか、自分の身に降りかかるとは思っていないはずです。

でも、Fさんが**「親の介護は家族がするもの」という意識を持っていたとしたら、意図せずとも子どもをヤングケアラーにしてしまうリスクが大いにある、**ということを知っておいてほしいと思います。高齢者の介護におけるこの問題は、やっぱり大人たちの意思決定に大きな要因があるのです。

Fさんが家を建てて、お母さんを呼び寄せたとします。すると、どんなことが起こるでしょうか。家のローンはあるし、育ちざかりの子どもが3人もいるのですから、Fさんはもちろん、奥さんもフルタイムの仕事を続けざるを得ませんよね。そして、お父さんとお母さんがほとんど外にいるとなれば、おばあちゃんの面倒は、勢いFさんの子どもたちが見るようになります。

――心の優しい子ほどヤングケアラーになる可能性が

お母さんが元気なうちはまだいいのですが、年とともにだんだん物忘れだってひどくなってきます。「お財布をなくしちゃったの」というお母さんに寄り添って、最初は一緒に財布を捜してあげていたFさんも、それが繰り返されるようになると、イライラして「またなくしたのか？」とお母さんを叱るようになります。

このやりとりを見ているFさんの子どもたちは、どう思うでしょうか。

「お父さんは仕事もして、家に帰ってもおばあちゃんの面倒を見て大変そうだ。自分たちができることはやろう」。心の優しい子ほど、そう思ってしまいます。**お父さんを守りたいがために、おばあちゃんと関わるようになる**わけです。実際に、自分たちが関わったほうがおばあちゃんも穏やかでいられるとなれば、「なるべくおばあちゃんの話し相手になろう」「一緒に捜し物をしてあげよう」となってしまうんですね。

特に、いちばん上の高校生の長男が危ない。責任感が強いと、「自分がいちばん上なんだから、妹や弟の負担にならないよう、僕が頑張らなきゃ」となってしまいます。そうすると、勉強にも支障が出てきます。夜のおばあちゃんの話し相手に時間を割かれ、授業中はうとうとと居眠り。宿題も忘れがちになり、せっかく頑張って入った高校なのに、だんだん授業についていけなくなります。部活をやって帰ると、中学生の妹と小学生の弟が、自分の代わりにおばあちゃんの面倒を見ることになるからと、部活も休みがちになり、結局、辞めてしまいます。

「お父さん、お母さんが、おばあちゃんの世話で大変そうだから」とはじめたことなので、当然、Fさんには相談しません。でも、おばあちゃんの世話で勉強の時間が割かれるわけですから、成績がみるみる下がってきて、ある日、学校からFさんのところに電話がかかってくるわけです。「最近、部活も辞めて、宿題も忘れがち。勉強に身が入っていないようなんですが、ご家庭で何かありましたか？」と。

お父さん、お母さんは、自分の長男が今、どうなっているかを、そこではじめて知るわけです。でも、こうなってからではもう遅い。完全にヤングケアラーが生み出されてしまっているんです。

では、お父さんなり、お母さんなりが親の介護をしていれば、子どもに影響がないかと言えば、そんなことはありません。悲しいことに、「大変だから僕が代わるよ」と、やはり頑張っているお父さん、お母さんを守ろうとしてしまう。だから、同居するのは危ないんです。

――一度ヤングケアラーになってしまうと抜け出すのが難しい

恐ろしいのは、**1回そうなってしまうと、ほかの誰かに介護を任せて元の生活に戻るのが、大人の場合より難しい**ことです。

なぜなら、おばあちゃんのそばが、自分の居場所になってしまうからです。介護を誰かに頼んでしまうと、自分の居場所を奪われるという感覚になるんですね。自分の役割がなくなってしまうという恐怖心が芽生えてしまいます。

地域にヤングケアラー専門の相談窓口などがあっても、子どもの側からの相談が寄せられることは非常にまれです。それは、そもそも自分がヤングケアラーの状態になっていること自体、わかっていないから、困っていないからです。子どもは体力がありますから、ある程度は寝なくてもできてしまうんですね。

でも、夜はおばあちゃんの世話にかかりきりですから、流行《はや》りのドラマも見ていないし、人気のゲームもやっていません。クラスメートの浮ついた話題や、キャーキャー言っているテンションにはついていけませんよね。そもそも、そんな自分たちのことだけ考えていればいいようなクラスメートの話なんか、こっちが惨めになるだけですから聞きたくもありません。

そうすると、学校でも孤立してしまい、せっかく頑張って入った高校も辞めてしまうんですよ。クラスメートと話が合いませんから。つまり、Fさんが親孝行のつもりでお母さんを呼び寄せたがために、長男は将来を棒に振ってしまうかもしれないんです。

家族みんなが助け合っておばあちゃんを介護しているなんて、はたからは美しいように見えるかもしれません。でも、それで息子さんが学校生活をドロップアウトしてしまったら、彼の一生はどうなるのでしょうか。

さらに悲しいのは、**息子さんが人生を棒に振ってまで全力でおばあちゃんを介護しても、**

それがおばあちゃんのためにはなっていないことです。だって、孫がこれだけやってくれていたら、知らないヘルパーさんやデイサービスを利用しなくてもいいんですから。しかも、おばあちゃんは慣れ親しんだ田舎を離れてしまっていますから、地域のコミュニティーからも孤立してしまいます。

私が代表を務めるＮＰＯ法人「となりのかいご」で独自に行った調査では、「介護は家族がするべきだ」「介護は子どもの教育にとって有効だ」と考えている家庭ほど、ヤングケアラーが生まれやすいという結果が出ています。そして、そうなってからでは後戻りをするのがとても難しい。もし、介護をきっかけに近くに親を呼び寄せようとしているご家庭があったら、ぜひともこの話をして止めてほしいと思います。

事例⑦　介護費用、相続問題

Ｇさん（男性）は男ばかりの３人兄弟。実家は商売をしていて、両親は国民年金に入っています。その両親が最近、「国民年金だけでは老後が心配だ」と不安を口にするようになってきました。国民年金でまかなうとなると、入れる施設も限られてくるようです。介護が必要になったときは、兄弟で月10万円ずつぐらい出し合って、金銭的な援助をしたほうがいいでしょうか。

お金の問題でもめるケースは、介護でもやっぱりとても多いんです。ですから、介護費用を兄弟で分担してしまうと、トラブルのもとになります。ちょっと冷たいかもしれませんが、ご両親には**自分たちのお金で入れる施設を選んでもらうようにしてください。**お金に余裕があるのでしたら、それは親の介護にではなく、自分や自分の子どもたちに使ってください。それが、あとあとのトラブルを防ぐことにもつながります。

そもそも兄弟でお金を分担しようとするから、トラブルになります。たしかに、今はGさんもご兄弟も、金銭的に余裕があるかもしれません。でも、いざご両親の介護となったときまで、このままでいられるとは限りません。人生なんて、いつ、何が起きるかわかりませんから。もしかしたら、お兄さんか弟さんの会社の業績が悪くなって、リストラされてしまうかもしれません。Gさん自身が病気にならないとも限りませんし、お子さんに難しい病気が見つかって莫大《ばくだい》な治療費が必要になるかもしれません。起こり得るリスクはいくらでもあります。

そうなったとき、もし、介護費用を分担していると、「毎月10万円ずつ出すことになってたじゃないか」「約束が違うじゃないか」みたいな話になって、せっかくよかった兄弟仲が悪くなってしまいます。でも、その問題が起きたのは、「両親が一生懸命に働いて男3人、大学まで出してくれたから、今度は俺たちがなんとかしてやろう」と子どもたちが思って、お金を渡してしまったからなんですね。

――お金をかける＝いい介護ではない

そもそも、子どもが親にたくさんお金をかけたからといって、いい介護になるとは限りません。**親が長く生きていてくれたら嬉しいと純粋に思えるのがいちばんなのに、お金を援助していると、いつかどこかで長生きが喜べなくなってくるときがきます。**金銭的な援助をして高級な施設に入ってもらったものの、それが100歳、110歳まで続いたとしたら、こちらの人生も狂ってくるわけですから。

自分たちの老後のお金も吸い取られていくし、子どもの教育資金を切り崩さなきゃいけなくなるかもしれません。でも、そうまでして親を入れてあげた施設だって、いい介護をしてくれている保証はないんです。むしろ、**お金をたくさんかけていると、「これだけ払ったんだから、いい施設に違いない」と思ってしまうので、介護の良しあしの見極めが難しくなります。**

そもそも、お金をかけないと、介護の質が明らかに悪くなるかというと、そんなことはまったくありません。お金がないなら、非課税世帯にして税金を免除することもできるだろうし、介護保険で介護サービスを使ったとしても、世帯の収入に応じて減免制度もあります。老人ホームにも公的施設と民間施設があって、公的施設であればこれも減免制度があります。

よく、「入れる施設がない」「お金がかかって施設に入れない」などというネットの書き込みを見るのですが、**お金がないからではなく、そこまでの関わり方に課題がある**と私は思います。家族で介護して手に負えなくなったから、今すぐ施設に入れてくれとなると、民間施設しか選べないことが多いのです。

これは私の考えですが、お金に余裕がないのであれば、なおさら家族は介護に関わらないほうがいいと思います。親自身が介護の必要性を感じて、いろいろな外部サービスを受け、なんとか要介護3まで自宅で頑張れば、公的な老人ホームに入れます。ここから先は自宅で介護するのが難しいと判断されれば、特別養護老人ホームに優先的に入居させてくれます。逆に、国民年金だけでは心配だからと、兄弟で協力して30万円なんて渡してしまうと、世帯収入が上がって介護サービスの負担額が増えてしまいます。ですから、Gさんも情に流されずに冷静に対応してください。

お金をかけるだけが、親孝行ではないはずです。遠距離介護でしたら、往復する交通費だって、逆に親の財布から出してもらったっていいと思います。「そんなことはできないよ」という人が大多数かもしれませんが、「往復の交通費もバカにならないなぁ」と嘆きながら帰省するくらいなら、それもありだと思います。そういう切り分けをすることで、自分の気持ちがある程度、穏やかな状態で親と向き合えるのだとしたら、そのほうがいいのではないでしょうか。

――「何かあってから」ではなく事前に動く

たいていの人は、まず家族で介護をやってみて、どうにもならなくなったときに、いろいろ調べて地域包括支援センターに連絡してきます。でも、ここまでお話ししてきたように、「何かあってから」では遅いんです。**「何かが起こる前」に包括に連絡してつながっておくこと。**それが家族間のトラブルを防ぐいちばんのポイントで、ひいてはそれが包括を消耗させないことにもつながります。

第3章でも触れましたが、包括の職員は、鬱になってしまう人も少なくありません。それは緊急対応、しかも虐待の対応ばかりするからなんですね。「今日は家族で焼き肉を食べに行こうね」と約束していたときに限って、「すぐに来てください」と緊急通報が入ったりするのです。

ほかの家族のためにプライベートな時間が割かれ、自分の大切な家族からは、「お父さん、また約束を守ってくれなかった」なんて言われてしまうわけです。いくら仕事とはいえ、家族が切羽詰まれば、包括も切羽詰まるという関係ですから、お互いのためにも早めに相談することが肝心です。

それと同時に、「うちの家族だと、こういうことが起こりそうだよね」と事前に話し合っておけるといいですね。多くの場合、介護について話し合うとなると、誰が面倒を見るとか、いくら払うとか、そういう話し合いになりがちです。

そうではなくて、「介護は子どもが直接関わらないほうがいい」という認識を共有したうえで、「自分たちの家族の場合、こういうリスクがありそうだ」と確認しておく。そして、地域にはいろいろな介護サービスがあるので、あらかじめそれを調べておくことです。「家族でやらなきゃ」と思ってしまうと、そもそも調べようという発想すら出てきません。いざ介護となったとき、その情報が心強い味方になってくれるでしょう。

第5章

親の介護が、子どもに教えてくれること

人生の通過点としての介護

――親の老いを受け止める

親の「老いを受け止める」ことと、「老いていく姿を直視する」ことは違います。

人間、誰しも年をとります。私たちだってそうですよね。20代の頃は簡単にできていたことが、30代、40代と年を重ねるにつれて、昔と同じようにやるのが大変になっていきます。仕事をしていても、「20代の頃は2、3日徹夜してもなんでもなかったのに、最近は1日徹夜しただけでも、翌日がきつくてきつくてしょうがない」と感じること、ありませんか。

でも、自分のことはそうやって受け入れることができているのに、こと親のことになると、その変化をなかなか受け入れられないのです。

「あんなに優しかったお母さんが、こんなに怒りっぽくなってしまうんだな」

「あんなに山登りが大好きだった父ちゃんが、まともに歩くこともできなくなってしまうなんて」

「あんなにきれい好きだったお母さんが、すっかりだらしなくなってしまって……」

と、受け入れたくない思いが、どうしても強くなってしまいます。

元気だった頃のイメージがあるからこそ、それと比較して、日々、身体機能が衰えていろいろなことができなくなっていく親の姿を見るのが、どうしてもつらい。だから、つい「ちゃんとしろよ」と声を荒らげてしまうし、「頑張れ」とハッパをかけてしまいます。

でも、お父さんもお母さんも、1人の男性であり、女性なんですね。子どもたちが知っているのは、自分たちが生まれてからの、親としてのお父さん、お母さんの部分でしかありません。子どもの前では無理して、お父さん、お母さんの役割を演じてきたけれど、本来はだらしない人だったのかもしれません。子どもには「勉強しなさい」と口を酸っぱくして言ってきたけれど、自分は勉強なんて大嫌いだったかもしれませんよね。**子どもが見てきた親の姿というのは、その人のほんの一面でしかないん**です。

老いていく親の姿を見ることは、ただ、つらいだけではないはずです。「お父さんにはこんな一面があったのか」「お母さん、実はこんな人だったんだな」と気づかされることもあると思うんです。そして、「〝親〟という鎧《よろい》を脱いだ今が、本来の自分らしくいられる時間なんだな」と子どもたちが穏やかに見守ることができれば、それがいちばんなのだと思います。

でも、そうできないのであれば、やっぱり距離感が必要で、それも老いを受け止める工夫の1つなのではないでしょうか。**あまり一緒にいない、あまり直視しない。程よい距離感で、親の変化を見守っていく。**自分の気持ちがつらくならない程度につき合っていくことがポイントです。なぜなら、親の老いを受け止めた先に見えてくるものこそ、子どもがこれから生きていくうえでも大事になってくるからです。

――親と一緒にいても不安は消せない

心理学的に言うと、子どもにとって親というのは、

「いつでも帰れる安心、安全な場所」

なのだそうです。

親が老いていく、自分たちが知っている姿ではなくなっていくことは、その安心、安全な場所が崩れていってしまう。子どもの頃からの心のよりどころがなくなってしまうようなもので、それが子どもにとっては大きな不安となってのしかかってくるのです。

だから、親のそばで老いを直視してしまえば、当然、不安でつらくなるはずなのに、多

くの子どもはそこに思いが至らないまま、直接介護に関わることでその不安を解消しようとしてしまいます。

「残り少ない時間だから、ここまで育ててくれた親への恩返しをしよう」

「ここまで迷惑ばかりかけてきたから、最後くらいは親孝行しよう」

そんな思いから会社に介護休暇・休業を申請して、たくさんの休みを取って、あるいはリモートワークに切り替えて、親のそばにいようとします。なるべく時間を共にして、近くで懸命に支えようとします。

でも、名作ホームドラマにあるような場面を目指して介護をしても、それで子どもたちの不安が解消するかといえば、逆です。どれだけ自分の時間を犠牲にして、頑張って親に尽くしても、「これからどうなっていくんだろう」という不安は、消えるどころか増していくばかりです。

なぜかと言えば、**老いは止められないから**です。

どんなに家族が頑張って支えたとしても、親は転びやすくなってくるし、記憶力も低下していきます。お金があろうとなかろうと、有名だろうと無名だろうと、それは変わりません。どんな人であろうと、遅かれ早かれ、やがては歩けなくなって、ご飯を食べられなくなって、最期を迎えます。そんな姿をそばでずっと見ていて、穏やかでいられる人はいません。つらくて仕方ないですよね。だから、やはり距離を取ることが必要なんです。

――親を通して、自分の人生が見えてくる

親の老いを受け止めることと、直視することとは違うと書きました。では、老いを受け止めるとは、具体的にどういうことなのでしょうか。

人間は、できなくなることが増えていくことで、「自分は本当に何がしたいのか」が見えてくると思うのです。五体満足で、自分でなんでもできてしまうと、そんなことは考えなくてもそれなりに生きていられますから、「自分は何がしたいか」なんて、ぼんやりとぼやけたままで、日々生活しています。

でも、「今、この瞬間しか記憶がない」「明日になったら、何もかも忘れてしまうかもしれない」「自分で身のまわりのものを取りに行くことすらできない」となったとき、もちろん、つらくて悲しくてしょうがないでしょうけれど、その状態とつき合っていくなかで感覚が研ぎ澄まされていくのだと、私は思います。

そして、人のお世話になりながら、いよいよ人生のゴールが見えてきたとき、**「自分の人生って、どんなものだったのかな」「何をしているときが、自分にとっていちばんいい時間だったのかな」**ということを考える機会が得られるのではないでしょうか。

私自身は、当然ですけれど、そんな経験をしているわけではありません。でも、とても穏やかな表情をされている高齢者の方々と話をしていると、何かしらそう感じることがありました。

そういうとらえ方をすると、親が弱っていく姿は、ただつらい、悲しいだけではなく、別の見方ができるのではないかと思うのです。

「鼻から酸素を入れているけれど、タバコはやめたくない」とか、「医者から何度注意されても、しょっぱい煎餅《せんべい》だけはどうしても食べたい」という高齢者の方々がいらっしゃいます。これが、現役でバリバリ働いている若者だったら話は別です。是が非でもやめさせなければなりません。

でも、目の前にいるのは、定年退職して久しく、人生の終わりが見えてきているお父さん、お母さんです。タバコや煎餅を禁止したり、排除することは簡単かもしれないですが、そうしたら、親の老いを受け止めるなんて、いつまで経ってもできません。

糖尿病や高血圧の持病がある親が、目の前でしょっぱい煎餅をバリバリ食べていたら、それは誰だってドキドキしますよね。でも、それを「こんなにも煎餅が好きだったのか。だったらもう好きなだけ食べなよ」と、穏やかな気持ちで親を見守ることができれば、「じゃあ、自分にとっての〝煎餅〟って、なんだろう」「何が心地良い瞬間なんだろう」と、考える機会にもなると思うのです。

――親の介護をプラスの経験に変える

「自分はどう老いていくのか」

資本主義社会のなかで社会生活を送っていると、おそらく微塵《みじん》も考えないと思います。なぜなら、1円の得にもならないからです。私自身、外資系のコンサルティング会社で働いていたときは考えもしませんでした。

でも、今はよりよく生きていくために、考えたほうがいいと思っています。そのことを、私は高齢者の方たちから教わりました。

そして、それがわかってくると、生きていてとても気持ちがラクになります。人と自分を比べることもなくなるし、まわりの人がどう思っていても、「私がこれでいいと言っているんだから、いい」と思えるようになります。

私の場合、人が老いていく姿に立ち会う機会がたくさんあったからこそ、「なんであれ、人の役に立つことができれば、自分は意外とご機嫌でいられるんだな」と気づくことができましたし、気づけたからこそ、今の仕事を続けていこうと思えたのです。そして、仕事はお金を稼ぐためだけの時間ではなく、実は自分をご機嫌にする時間でもあるんだなと考えるようになりました。

介護の仕事を通して、これからどうやって人の役に立っていくか。手段はもっと考えていかなければいけませんし、研ぎ澄ましていく必要はあるのかもしれません。でも、それが自分のミッションなんだという気持ちがぶれることは、もうありません。

親の介護というと、何か自分から物が吸い取られていくような、マイナスな課題としてとらえがちですが、それよりも、私が経験したように自分の生活の糧《かて》にしたほうが、ずっと得だと思うのです。

これから介護が必要な人は一気に増えます。親の介護をしたくないから超高齢社会なんてまっぴらごめんと言って、日本を脱出するのも1つの手段かもしれません。でも、おそらくそういう考え方をする日本人はあまりいない。そうだとしたら、家族の老いと向き合う経験をプラスにとらえるような考え方を、私たちは身につけていくほうがいいのではないでしょうか。

――介護の「課題」を解決しようとしてはいけない!?

実は、**会社で仕事ができる人ほど、介護はうまくいきません。**なぜなら、介護というのは、私たちが資本主義社会でやっていることとは真反対だから。仕事をするときの「課題解決思考」では、決して解決しないからです。

仕事ができる人というのは、課題を解決する能力が高く、プランニングにも長《た》けていますよね。でも、これは全部、介護においては「やってはいけないこと」です。

私たちのなかには常に「課題解決思考」があって、親の介護にも仕事の課題と同じように向き合おうとします。親が老いて、できないことが1つ、また1つと出てくると、それをマイナスの課題ととらえて、しかもよかれと思って解決しようとしてしまいます。でも、介護においては、逆に解決しようとしないほうがうまくいきます。なぜなら、**課題がある**

からこそ、その人らしい生活を送れるからです。

そう断言できるのは、私自身が身をもってそのことを体験したからです。

介護業界に入る前、コンサル会社でひたすら「課題解決」の日々を過ごしていた私は、転職して間もない頃、寝たきりで1人暮らしをしている方の訪問入浴に携わりました。

その方は、喉に穴を開けて痰《たん》の吸引をしながら、猫がいる部屋で寝たきりで1人暮らしをしていました。いつ窒息して危険な状態になってもおかしくないですから、危なくて仕方ない。それを見た私は、「ご本人をだましてでも、一刻も早く入院させるべきだ」と思い、さっそく戻って上司にそのことを訴えました。すると、上司から「おまえは何もわかっていない」と怒られたのです。

あとになってわかったことですが、この方の生きる目的は〝猫〟でした。何より大事なのは、「猫と一緒にいること」で、たとえそれで死んだとしても、最期の瞬間まで猫と離れたくなかったのです。

本人は寝たきりで、部屋では猫のほうが幅を利かせていますから、衛生状態も決していいとは言えません。でも、それは私たちから見ての課題であって、この方からしたら、それが最善で最適なんです。この問題に課題があるとしたら、それは「今の状態が、この方にとっていちばんいい生き方なんだ」と思えなかった、私自身の狭い心でした。

仕事ができる人ほど介護で失敗をするというのは、この「課題解決思考」から抜け出せないからです。私自身、コンサルティング会社で「課題解決思考」に毒されていましたから、解決しないことに最初はものすごく違和感があって、慣れるのになかなかな労力が必要でした。

――「正しいこと」が人生の正解とは限らない

介護の現場には、本当にいろいろな人がいて、鼻から酸素の管を入れながら、プカプカタバコを吸っているおじいちゃんがいたりするわけです。

そもそもタバコを吸いすぎたから肺炎になって、酸素ボンベをつけなければいけなくなったわけだし、酸素ボンベにつながっていますから、服などに引火したら大変です。もちろん、医者からも止められています。こんなの課題しかない。「課題解決思考」でいったら、全部アウトです。

そこで、そうまでして吸いたいんだから「さぞかし、タバコがおいしいんでしょうね？」と聞くと、「うまいわけないだろ」と返される。最初は「何を言ってるんだ、この人は⁉」と思いました。でも、それがこの人の生き方だし、自分にとってのプライドで、タバコをやめることが、この人にとっては命の危険をさらす以上につらいことなのです。

その人がまだ若くて、社会的責任があるのだとしたら、やめるべきだと勧めますが、80代になって、「残り少ない自分の人生を好き勝手に生きたいんだ」と思っているのなら、そこまで禁煙を強制する必要はないのではないでしょうか。肺炎が悪化するのを承知で吸っているんだから、それで寿命が尽きたとしても仕方ありません。それが「課題解決思考」でいってしまうと、「タバコを取り上げよう」となってしまうんです。

入院までした親が薬を飲んでいないと知ると、それを課題ととらえて、「また薬を飲んでいないじゃない。ちゃんと先生の言うことを聞かないと」と、是が非でも飲ませようとします。でも、飲むかどうかは本人が決めればいい。飲んで安心するのだとしたら飲めばいいし、飲みたくないなら、それでいいんです。

すべてを「課題解決思考」で処理しようと思っても、うまくいかないのが人生というものではないでしょうか。それなのに、日本人は人の生活そのものが詰まっている介護まで、「課題解決思考」でやろうとしてしまいます。それは、とても貧しい生き方だと、私は思います。そろそろ、そういう考え方を変えていく必要があるのではないでしょうか。

——会いたい人がいるから、「寂しい」という感情が生まれる

私が「親とは適度な距離感が大切」「同居はしないでください」とアドバイスをすると、「1人にしておいて、寂しい思いをしないでしょうか？」と聞いてくる相談者の方がたくさんいます。そして、「親に寂しい思いをさせたくないので、施設ではなく、自分で面倒を見たい」と言ってくるのですが、私はそういう方に、必ずこう問いかけます。

「なんで、『寂しい思いをさせてはいけない』と思うんですか」と。

そもそも寂しさというのは、会いたい人がいるからこそ生まれる感情です。「寂しい」ということは、裏を返せば、会いたい人がいるということですから、むしろ幸せなことではないでしょうか。

親が「寂しい」という気持ちを抱くのは、家族に会いたいという気持ちがあるからで、会いたいと思う家族がいなければ、寂しさは生まれません。ですから、親が「寂しい」と思うのは決して悪いことではないですし、家族がいる限り、その気持ちをなくすことはで

きないと思います。

離れて暮らしていたからこそ、お互いに会いたいという感情が生まれていたとしたら、常に一緒にいることで、そう思えなくなってしまう可能性もありますよね。月に1回、年に1回しか会えなかったからこそ、そこに寂しいという感情が生まれて、会ったときにいいコミュニケーションが取れることもあるかもしれません。

あるクリエイターの方から、こんな話を聞きました。

ご両親が老々介護の状態になって、夫婦仲がすごく険悪になってしまった。でも、いざ母親が老人ホームに入居したら、お互いが「会いたい」「寂しい」と繰り返すようになったというのです。そして、週に1回、父親が老人ホームを訪れて2人が会っている様子を見ていると、「まるでロミオとジュリエットみたいだ」と。お互いが慈しみ合うようになって、「こんな親の姿は見たことがなかった。2人が離れて本当によかったと思います」と話してくれました。豊かな表現力のあるクリエイターの方ですから、こういう見方に辿り着けたのかもしれませんが、素晴らしい話ですよね。

親子でも同じです。老人ホームに入って、親に寂しいという感情が生まれるからこそ、会ったときに穏やかな会話ができるのです。「老人ホームに入ってもらったら、会いたい、会いたいってうるさいんです」とか、「行くたびに、寂しくてしょうがないって言われるんですよ」というマイナスな見方をするのではなく、**「寂しい」という感情から生まれるプラス面**にも目を向けてみてはいかがでしょうか。

——親の人生と子の人生は別物

元気だった親に、できないことがどんどん増えていく様子を見るのは、子どもにとっては不安で仕方なく、それを解消しようとすればするほど不安は大きくなる、と書きました。でも、**不安なのは、介護する子どもだけではありません。親本人も同じように不安なのです。**

どんな人でも、老いていけば、いかんともしがたい状態になるので、不安と向き合わざるを得ません。向き合うことを余儀なくされる、という表現のほうがいいでしょうか。「こうなってしまったなら、もうこれでいいのよ」と老いを受け入れられる人もいれば、七転八倒して苦しみながら、不安と向き合っている人もいます。

不安との向き合い方は、その人が70年、80年と生きてきた、生き方そのものが表れるところですから、本当に人それぞれだと思います。そして、たとえ血がつながった子どもでも、コントロールできるものではないのです。

だからこそ、**子どもは親の不安に振り回されてはいけません。**親がジタバタとあがいて苦しそうにしていたとしても、「これが親の生きてきた人生の結果なのだ」と思うことです。親の人生の責任は、子どもが取れるものではありませんから、自分の人生と切り離して考えるべきなのです。

――介護することは、相手に依存することではない

もし、子どもが親のそうした不安をていねいにサポートすることで解消してあげようとすると、どんなことが起こるでしょうか。

親は、子どもがいつもそばにいてくれることで自身の不安が解消できると勘違いしてしまいます。でも、**いくら家族がそばにいても老いを止めることはできませんから、不安が解消されることはありません。**解消されないまま、できなくなることはどんどん増えていきますから、「どうなってしまうんだろう」と不安はいや増すばかりです。

その結果、「もっともっと近くにいてくれたら」「もっともっと温かい言葉をかけてくれたら」安心できるんじゃないかと、子どもに依存するようになってしまうのです。

それに対して、子どもが「これも親孝行だと思って、応えてあげよう」「もっとそばにいてあげよう」と考えてしまうと、親の介護そのものがやりがいになってしまいます。親から「ありがとうね」「あなたがいてくれて、本当によかった」などと言ってもらうと、仕事より自分の存在意義を感じてしまって、そばで介護をしていないと、自分がだんだんつらくなってしまう——これを「共依存」というんですが、こうなってしまうと危険です。

介護は、いつかは終わりがきます。支えられる側の親が亡くなったとき、支える側はどうなってしまうのでしょうか。お互いに支え合っていたのですから、自分をこれまで支えてくれていたものがなくなってしまうわけです。その喪失感を埋めようと、「誰かをサポートしていくこと」に依存して生きていくことになるので、親戚でも知人でも、介護できる人を探すようになります。本当に恐ろしいことです。

では、そういう人は、いっそ介護の仕事についたらどうかというと、うまくいきません。なんでもやってしまうから、結局は要介護者を弱らせることになります。第4章で触れたヤングケアラーが、介護の仕事をしてもうまくいかない理由は、ここにあります。

実際、介護職というのは、ドライな部分も持っていないと務まらない仕事です。人の死にたくさん出合いますから、その都度、家族のように思って介護をしていたらメンタルが持ちませんし、それ以前に、手をかけすぎて相手を弱らせていくような介護をすることになるので、多分どこの事業所からも雇ってもらえないでしょう。

「親の不安を軽減してあげたい」と寄り添ってあれこれ面倒を見るのではなく、親がどうやって人生を締めくくっていくのかを、ただ見守ってください。それがつらいときは、少し距離を取ってもいいのです。そうすることによって、親は不安をぶつける相手がいなくなるので、自分自身で不安とのつき合い方を考えるようになります。

――不安と上手につき合う力

老いていく親も、老いていく親を見ている家族もまた、不安であると書きました。そして、その不安を解消しようとするのではなく、上手につき合っていくことが大切なのだ、と。

前にも触れましたが、私は東日本大震災の際、東北の被災地支援に向かいました。そして、被災して避難所で生活している方々を見て感じたことがあります。それは、**高齢者の方ほど落ち着いていた**ということです。

東北人気質もあるかもしれませんが、「家がなくなっちゃったんだから、しょうがない」と腹をくくっていました。そして、「私、今、お腹いっぱいだから、どうぞ」と言って、自分たちに渡されている支援物資を、私たちボランティアに分けてくれようとするのです。

高齢者の方たちが落ち着いている一方で、「これから私たち、どうしたらいいんだろう」と不安で不安で仕方がない様子だったのが、40代、50代の方たちでした。

もちろん、高齢者の方たちだって、決して不安がなかったわけではないと思います。ある日突然、長年住んでいた家が、家財道具一式もろとも流されてしまって、住むところも大切なものも、一瞬にしてなくしてしまったのですから。でも、そんな状態でも、「なるようになるわよ」と言って、私たちボランティアに声をかけながら、その不安と上手につき合っていました。

この「不安と上手につき合っていく力」こそが、親の老いを通して学べることなのではないでしょうか。

不安に押しつぶされてしまっていると、今、この瞬間の楽しいことすら見えなくなってしまいます。だからこそ、不安とのつき合い方というのは大切だと思うのです。それを、私は介護で関わっていくなかで、たくさんの高齢者の方から教えてもらったと思っています。

「今がいちばん」と思って今日を生きる

認知症の方専門のデイサービスで働いていたときのことです。私は朝のレクリエーションで、「もう7月も終わりですね。今日は俳優の○○さんや歌手の○○さんのお誕生日です……」などと利用者の方たちに話をしながらも、頭のなかでは、「これが終わったら、次は入浴介助だ。それが終わったら、お食事を用意して……」とせわしなく考え事をしていました。

その日は、太陽がさんさんと降り注ぐ朝の庭に、すずめがたくさん集まってきていました。利用者さんは、その景色を穏やかな表情で眺めながら、「あー、いいお天気ね。こんな日は洗濯物がよく乾くのよ」「お天気がいいから、鳥がたくさん来ていいわね」と話しかけてくださいました。ところが、私はといえば、「ああ、そうですね」と曖昧《あいまい》に相槌《あいづち》を打ちながら、次にやるべきことを考えていて気もそぞろな状態。

つまり、私は庭の景色を楽しむこともできず、やるべきことに追われ、不安とうまくつき合えていない状態なのに、利用者の方々は、その前後の記憶が曖昧な分、今のその瞬間を楽しめていたのです。

記憶はしっかりしているけれども、それに操られている私と、記憶は曖昧だけれど、今その瞬間を楽しめている利用者の方々と、どちらが幸せなんだろうか。幸せなのは、むしろ利用者の方のほうではないか——そう気づいたときに、認知症になることはよくないことである、予防してしかるべきだという考え方自体、そもそもおかしいことだし、私はまだまだ器が小さいなと思い知らされました。

デイサービスの利用者さんにはいろいろな方がいて、なかには過去に功成り名を遂げた人もいらっしゃいました。でも、そうした経歴を持っていても、過去の栄光にすがることなく老いた今の自分を受け入れ、毎日を楽しそうに過ごしている方は、話していてもとても楽しいし、人間的にもとても魅力的でした。

一方で、「俺は医者だったんだ。お前らみたいなのに介護される覚えはねぇんだ」などと過去の自分にとらわれている人もいました。

しかし、大病院の医者だった、会社の取締役だったというのは、あくまでもオプションであって、私たちの生き方を支えてくれるものではありません。本当は医者ではない、取締役ではない自分があるはずなのに、受け入れられない——それはもしかすると、老いへの不安がそうさせているのかもしれません。

でも、それは自分自身で乗り越えるしかないのです。

年をとると、いろいろなことができなくなっていきます。そうして自分が成し遂げた功績も、過去のものになっていく。その不安を消そうとするのではなく、上手につき合い、老いを受け入れ、今この瞬間を楽しんで生きる——そのような親の姿を見守ることで、子どももまた、自分がこれからどう生きていくかを考えることができるのではないでしょうか。

おわりに

当法人「となりのかいご」は、懸命に介護するがゆえに起きてしまう、家族による高齢者虐待の防止を目的として設立されました。

早期の支援をするために、企業に出張して企業内での情報発信、社内制度作り、介護セミナーなどを行い、親が元気なうちから個別の介護相談を利用していただけるようにしています。各社の総務、人事、ダイバーシティの担当の方々と議論を重ねて取り組んできた結果、今は年間７００件を超える介護相談を受けるようになりました。

家族の介護に関する相談内容は本当に多種多様で、同じ病気で同じ介護度であっても、悩みどころはまったく違うこともあります。

しかし、生活していくなかで、できれば目を背けたい家族介護の悩みを聞き続けても、私自身が専門職として的確な支援ができ、かつ心身ともに健康でなければなりません。大学時代に学んだ、先人たちが作ってきた専門職としての知識や心構えは素晴らしいものだと痛感する日々で、不真面目だった学生時代を悔やんでいるところですさて、個別の介護相談は、支援先の企業様ごとに「介護相談会」という日を設定して、事前予約制で行っています。その際、可能な範囲で、事前に相談内容をご提出いただくようにしています。

皆さまから寄せられる相談の内容を拝見して最終の準備をしていると、ふとエアポケットに入る瞬間があります。「自分はこの悩みに寄り添えるのだろうか……」と不安で数分手を止めていることもあります。

ただ、実際に介護相談を迎えて、相談者様にご挨拶をすると、不思議なことに直前までの不安な気持ちがまったくなくなっていて、心が落ち着き、力がみなぎってくるのです。「どこからこんな力が湧いてくるんだろう」と考えていたのですが、「介護支援と言いながら、結局のところ、自分が相談者の皆さんに支えられているんだな」ということに気づきました。このような想いを持ちながら取り組める仕事があることは、かなり幸運なことです。

介護相談を受けていて、ここのところよくお伝えすることがあります。

それは、

「いい介護と悪い介護の境目はどこにあるのでしょうか」

ということです。

誰にでも、「親孝行をしなければ」という信念のもと、懸命な介護をすることが理想だという意識があると思いますが、その結果、本当にいい介護になるのでしょうか。

たとえば、本文でも紹介したように、24時間365日、寝たきりの母親のために全力で介護する息子さんは、いつもお母さまをきれいな状態に整え、完璧な介護をしています。近所でも評判の孝行息子と言われていますが、息子さんは内心介護がつらく、朝が来るのが怖いのです。お母さまの長生きを純粋に喜べないこの状況を「いい介護」と表現していいのでしょうか。

できる限りのことをしてあげる介護が「いい介護」でないとすれば、私たちは何を目指さなければならないのでしょうか。

私が家族介護の相談を積み重ねた末に辿り着いたのは、「互いの関係が良好であり続け、長生きが自然と喜べること」ではないかというものでした。それまでの家族関係を大切にして、無理せず関わることができれば、もう十分なのではないかということです。

「自分が見てないところで転んだらどうするんだ」と言われますが、年を重ね病を患い、時に転倒してしまうのは自然現象です。それを防ぐことを家族の責任とすれば、高齢者の生活を監視・管理して行動の制限を強いることになります。

「できる限りのことをしなければ、後悔するのでは」とも言われます。介護が終わったあとの方の相談を受けていると、残念ながら懸命に介護していた人ほど、後悔が強くなっていいました。


介護とは生活全般のサポートであるため、健康を考えて三食用意すれば終わりというわけではなく、食材にまでこだわりを持ってしまうなど、関われば関わるほどやらねばならないタスクは無限に増えていきます。

日々の介護で自分に余裕がないと、「たまには天ぷらが食べたい」と言われても、「贅沢《ぜいたく》言わないで！」と口調が強くなってしまうでしょう。でも、その翌日に親が逝ってしまったら「自分はなぜ天ぷらを食べさせてあげなかったんだろう」と後悔ばかりが募ります。親の亡きあとでは「言いすぎてしまった、ごめんなさい」と謝ることもできません。

介護に正解はありませんが、介護相談を積み重ねてわかってきたこともあります。それは、企業が仕事と介護の両立に取り組む価値は、従業者が家族介護できる時間を増やすことでは生み出されないことです。

そして同時に、1人ひとりにとって「いい介護とは何か」と考える機会を提供することが必要不可欠だということです。

企業のなかでの支援を積み重ねていくと、介護離職防止や仕事と介護の両立は、あくまでも通過点でしかないことに気づきます。

「うちの会社はまだ従業者から介護の相談もないし、介護離職者がいないから大丈夫だろう」と従業者の介護支援の取り組みをしないのは、本当にもったいないことです。なぜなら、休みを与えるだけでない本質的な支援ができると、驚くほど会社と従業者や従業者同士の信頼関係が深まっていくからです。

たとえば、過去に相談してくださった方は、私への家族介護の進捗報告メールに、自然と上司をCCに入れていました。このように、会社が率先して家族介護のことも話しやすい雰囲気を作っていけば、働く側は会社や上司への信頼を強くするものなのです。

会社の雰囲気をよりよくしていく貴重な機会として、家族介護を活用しているケースが増えていることは、仕事のやりがいにつながる大変嬉しい出来事です。

企業の介護離職防止や仕事と介護の支援策には、育児・介護休業法の改正もあいまって社会的注目が集まり、当法人にもお断りしなければならないくらい、たくさんの講演や顧問契約の依頼をいただいております。

家族介護を単に面倒な課題として捉えるのではなく、会社や組織が成長する機会となることが当たり前になるまで、これからも日々の介護相談を積み重ねていきたいと思います。

青春新書
INTELLIGENCE

こころ涌き立つ「知」の冒険

いまを生きる

"青春新書"は昭和三一年に——若い日に常にあなたの心の友として、その糧となり実になる多様な知恵が、生きる指標として勇気と力になり、すぐに役立つ——をモットーに創刊された。

そして昭和三八年、新しい時代の気運の中で、新書"プレイブックス"にその役目のバトンを渡した。「人生を自由自在に活動《プレイ》する」のキャッチコピーのもと——すべてのうっ積を吹きとばし、自由闊達な活動力を培養し、勇気と自信を生み出す最も楽しいシリーズ——となった。

いまや、私たちはバブル経済崩壊後の混沌とした価値観のただ中にいる。その価値観は常に未曾有の変貌を見せ、社会は少子高齢化し、地球規模の環境問題等は解決の兆しを見せない。私たちはあらゆる不安と懐疑に対峙している。

本シリーズ"青春新書インテリジェンス"はまさに、この時代の欲求によってプレイブックスから分化・刊行された。それは即ち、「心の中に自らの青春の輝きを失わない旺盛な知力、活力への欲求」に他ならない。応えるべきキャッチコピーは「こころ涌き立つ"知"の冒険」である。

予測のつかない時代にあって、一人ひとりの足元を照らし出すシリーズでありたいと願う。青春出版社は本年創業五〇周年を迎えた。これはひとえに長年に亘る多くの読者の熱いご支持の賜物である。社員一同深く感謝し、より一層世の中に希望と勇気の明るい光を放つ書籍を出版すべく、鋭意志すものである。

平成一七年

刊行者　小澤源太郎

著者紹介

川内　潤〈かわうち じゅん〉

NPO法人となりのかいご代表理事。社会福祉士、介護支援専門員、介護福祉士。1980年生まれ。上智大学文学部社会福祉学科卒業後、老人ホーム紹介事業、外資系コンサルティング企業勤務を経て、在宅・施設介護職員に。2008年に市民団体「となりのかいご」設立。2014年にNPO法人化し、代表理事に就任。厚生労働省「令和4～6年度中小企業育児・介護休業等推進支援事業」委員なども兼務する。家族介護による介護離職、高齢者虐待をなくし、誰もが自然に家族の介護にかかわれる社会を実現すべく、日々奮闘中。著書に『もし明日、親が倒れても仕事を辞めずにすむ方法』(ポプラ社)、『親不孝介護　距離を取るからうまくいく』(日経BP)などがある。

親《おや》の介護《かいご》の「やってはいけない」　青春新書 *INTELLIGENCE*

2024年12月15日　第1刷

著　者　川《かわ》内《うち》　潤《じゅん》

発行者　小澤源太郎

責任編集　株式会社プライム涌光

電話　編集部　03(3203)2850

発行所　東京都新宿区若松町12番1号 〒162-0056　株式会社青春出版社

電話　営業部　03(3207)1916　振替番号　00190-7-98602

印刷・中央精版印刷　製本・ナショナル製本

ISBN978-4-413-04710-4

こころ涌き立つ「知」の冒険！

青春新書 INTELLIGENCE

語源×図解 もっとくらべて覚える英単語 名詞	清水建二	PI·650
いちばん効率がいい すごいジム・トレ	坂詰真二	PI·651
結局、年金は何歳でもらうのが一番トクなのか	増田 豊	PI·653
「メンズビオレ」を売る進学校のしかけ	青田泰明	PI·654
日本人が言えそうで言えない英語表現650	キャサリン・A・クラフト 里中哲彦［編訳］	PI·655
世界史で読み解く名画の秘密	内藤博文	PI·656
教養としてのダンテ「神曲」〈地獄篇〉	佐藤 優	PI·657
人生の頂点《ピーク》は定年後	池口武志	PI·658
相続格差 「お金」と「思い」のモメない引き継ぎ方	天野 隆 税理士法人レガシィ	PI·659
俺が戦った真に強かった男	天龍源一郎	PI·660
NFTで趣味をお金に変える	tochi	PI·661
ドイツ人はなぜ、年収アップと環境対策を両立できるのか	熊谷 徹	PI·662
【最新版】「脳の栄養不足」が老化を早める！	溝口 徹	PI·663
人が働くのはお金のためか	浜 矩子	PI·652
弘兼流 好きなことだけやる人生。	弘兼憲史	PI·664
「発達障害」と間違われる子どもたち	成田奈緒子	PI·665
井深大と盛田昭夫 仕事と人生を切り拓く力	郡山史郎	PI·666
世界史を動かしたワイン 教養と味わいが深まる魅惑のヒストリー	内藤博文	PI·667
【改正税法対応版】「生前贈与」そのやり方では損をする	税理士法人レガシィ 天野 隆 天野大輔	PI·668
9割が間違っている「たんぱく質」の摂り方	金津里佳	PI·669
70歳から寿命が延びる腸活	松生恒夫	PI·670
飛ばせる・撮れる・楽しめるドローン超入門	榎本幸太郎	PI·671
70歳からの「貯筋《ちょきん》」習慣	鎌田 實 生島ヒロシ	PI·672
英語は「語源×世界史」を知ると面白い	清水建二	PI·673

お願い ページわりの関係からここでは一部の既刊本しか掲載してありません。折り込みの出版案内もご参考にご覧ください。